UMA HISTÓRIA DE GUERRA

UMA HISTÓRIA DE GUERRA

DAS GUERRAS ANTIGAS AOS CONFLITOS GLOBAIS DO SÉCULO

CHRIS MCNAB

TRADUÇÃO
Luana Ramos

PÉ da letra

A History Of War

Os direitos desta edição pertencem à
Editora Pé da Letra
Rua Coimbra, 255 – Jd. Colibri – Cotia, SP, Brasil
Tel.(11) 3733-0404
vendas@editorapedaletra.com.br / www.editorapedaletra.com.br

Direção Editorial James Misse
Edição Leonardo Waack
Direção de arte Sueli Issaka
Tradução Luana Ramos
Revisão Júlia Dip

Impresso no Brasil, 2022

Dados Internacionais de Catalogação na Publicação (CIP)
Angélica Ilacqua CRB-8/7057

McNab, Chris

Uma história de guerra / Chris McNab ; tradução de Luana Ramos. – 1. ed. – Cotia, SP: Pé da Letra, 2022.

234 p.

ISBN 978-65-5888-657-0

Título original: A History of War

1. Guerras 2. História I. Título II. Ramos, Luana

22-6938 CDD 398.358

Índices para catálogo sistemático:
1. Guerras

CONTEÚDO

INTRODUÇÃO

Em 2016, um grupo de pesquisadores do Leverhulme Centre para Estudos da Evolução Humana da Universidade de Cambridge fizeram uma descoberta sombria a 30 km (18,6 milhas) a oeste do Lago Turkana, no Quênia, em um lugar chamado Nataruk. Eles desenterraram os restos de partes de esqueletos de 27 indivíduos, incluindo ao menos oito mulheres e seis crianças. Os esqueletos mostraram nítidos sinais de morte violenta – trauma contundente no crânio, na face e nos membros; ossos esmagados ou quebrados; evidências de feridas causadas por flechas – havia até mesmo pontas de flechas feitas de pedra alojadas no crânio e tórax de dois dos homens. Os corpos não estavam enterrados, mas foram deixados onde as vítimas haviam sido mortas, ao lado de uma lagoa, sedimento pelo qual, no fim das contas, eles foram preservados. O fato crucial sobre estes restos é que eles datam de até 10.500 anos na história. Desta forma, eles foram considerados como a evidência possivelmente mais antiga de conflito humano.

É impossível dizer como, quando ou por que a guerra começou. Certamente, como este livro talvez pareça implicar, as estruturas psicológicas que tornam os seres humanos capazes de matarem uns aos outros aparentam estar profundamente assentadas e transcendem o tempo e a cultura. Mas guerra é diferente de agressão individual. Guerra é violência organizada entre grupos, estados ou sociedades, tipicamente lutando de acordo com um objetivo ou propósito específico, seja este ofensivo ou defensivo. Por que começou, é um tanto mais difícil de dizer. Certamente, densidades populacionais em ascensão local produziram competição por recursos escassos. Sociedades pré-históricas frequentemente encaravam suas existências no limite da inanição, portanto, qualquer tentativa de invadir áreas de caça ou de busca por recursos alimentares por parte de um grupo rival facilmente levaria a um conflito. Os combatentes rapidamente aplicariam armas e instrumentos de caça em lutas inter-humanas, sob a tentativa de obter vantagem através de tecnologia, por mais primitiva que fosse. Armamentos primitivos incluíam estacas de madeira para perfurar e arremessar, com suas pontas endurecidas através do fogo para melhor penetração; uma variedade de tacos de madeira ou de ossos; rochas e pedras, agarradas à mão, arremessadas ou, a partir de cerca de 6.000 a.C., presas a um cabo para aplicar maior vantagem e força. Os mais simples machados de mão, digam-se pedaços de rochas grosseiramente afiados, datam a partir de 1,7 milhões de anos atrás. O arco e flecha, no entanto, é mais recente – cerca de 60.000 anos de idade. O impacto desta invenção em ambas as atividades – caça e guerra primitiva – não pode ser subestimado. Ela significou que matar poderia ser conduzido com precisão e à distância; um guerreiro armado por um arco poderia enfrentar adversários fisicamente muito mais fortes que ele, mas ainda vencer a luta através de habilidades ao invés de força muscular bruta. De fato, uma influência fundamental por trás da evolução da guerra é como as próprias armas eram projetadas. Observando a história, nós podemos levantar um argumento convincente de que o desenvolvimento de um armamento e de exércitos cada vez mais sofisticados quase demanda a busca por uma guerra que os justifique; decrescer nunca foi um forte da humanidade.

O que a pesquisa antropológica e arqueológica estabeleceu é que, sem dúvidas, no início da história registrada, por volta do quarto milênio a.C., a guerra enraizou-se na cultura humana. Esta obra fornece uma visão global desta história até os dias presentes, traçando as maiores guerras, os saltos tecnológicos e as personalidades que moldaram o mundo através da força das armas. A história subjacente é trágica, a narrativa aqui é incapaz de mergulhar no caos do indivíduo humano, na miséria e na violência que caracterizou cada guerra. As guerras contidas neste livro foram travadas por razões muito mais elaboradas do que os conflitos pré-históricos por subsistência. Aqui, nós testemunharemos nações, continentes e até mesmo o planeta inteiro indo para a guerra por um espectro de razões econômicas, imperialistas, coloniais, sociais, religiosas, demográficas, dinásticas e territoriais pouco edificantes. Dentre estes conflitos, em realmente qualquer guerra, os indivíduos que lutaram ou os civis que procuraram sobreviver têm histórias próprias, cada uma valendo um livro por si só.

Observando o mundo de hoje, é evidente que a guerra se manterá como uma parte de uma atividade humana contínua. Este livro, portanto, fornece um entendimento sobre a prática da guerra até a era presente, mas nós esperaremos para visualizar o que certamente virá no futuro.

CAPÍTULO 1
GUERRAS DA ANTIGUIDADE E DO PERÍODO CLÁSSICO

Entre as Idades do Bronze e do Ferro, um período de três milênios, a guerra passou por uma revolução em sua escala e sua prática. As batalhas foram de conflitos pequenos e localizados a grandes choques de estados e culturas, feitas por exércitos compostos por até dezenas de milhares de homens.

As instâncias mais antigas de combate humano, de acordo com nossa introdução, estão enevoadas pela passagem do tempo, mas a descoberta de cemitérios e armamento rudimentar nos deu alguns pedaços de vestígios de violência altamente pessoal. A partir do quarto milênio a.C., no entanto, um quadro completamente diferente passou a emergir, cortesia da arquitetura antiga e de registros escritos. Nós adentramos a Era do conflito organizado, exercida entre estados e impérios que comandavam exércitos estruturados. Foi uma mudança da qual a humanidade nunca pôde voltar atrás.

As razões por trás do nascimento da guerra são social e historicamente complexas, mas podemos traçar algumas raízes gerais. O crescimento de civilizações estabelecidas no 4º e no 3º milênio a.C.– especialmente no Oriente Médio, Norte da África, Índia e China – geraram a base de riqueza, motivação e população suficientes para formar exércitos consideráveis. Cidades-estados, a estrutura socioeconômica predominante, talvez tenham sido a vanguarda do desenvolvimento cultural do ser humano,

O painel de "Guerra" do "Estandarte de Ur". Com suas rodas sólidas e fixadas, os vagões de guerras à esquerda e no painel abaixo teriam tido velocidade e maleabilidade muito limitadas.

mas também eram entidades instáveis, o catalisador de políticas de poder regional, tensões dinásticas, riquezas ansiosamente protegidas e uma demanda material que apenas crescia. A agressão resultante ou o medo levou à militarização crescente, evidenciada não somente em arquiteturas defensivas, mas também na ascensão do "exército", uma força militar de larga escala que representa os interesses do estado e com um alto nível de organização. O último ponto é crucial. Para funcionar de forma apropriada e coerente, um exército requer: uma clara estrutura de comando; unidades e formações bem definidas; armamento padronizado em alguma medida; equipamento e uniforme; uma doutrina tática combinada (embutida através de treinamento); e, idealmente, um senso de missão e moral compartilhados. O grau no qual estes foram arquivados, como veremos através desta obra, varia muito através da história e da localização. Mas nosso primeiro vislumbre de um exército organizado nos leva à Mesopotâmia, 3.500 a.C.

OS PRIMEIROS EXÉRCITOS

A região histórica à qual nos referimos como Mesopotâmia se estabelece ao longo dos rios Tigres e Eufrates, delimitada pelo Mar Mediterrâneo ao oeste e o Golfo Pérsico ao leste, e cobrindo partes do que hoje é o Iraque, o Kuwait, a Síria e o sudeste da Turquia. Ao longo do quarto e do terceiro milênio a.C., foi uma região de cidades-estados como Quixe, Lagas, Uruque e Ur, regida por uma mistura de sistemas teocráticos, monárquicos e democráticos. Apesar de a Mesopotâmia ter tido um espectro de culturas, foi dominada pelos Sumérios e Acádios por longos períodos de tempo, povos responsáveis por construir impérios locais nesta época.

Além de sua opulência e sua sofisticação, a Mesopotâmia também era enfaticamente guerreira, posto que os diversos governantes lutaram por sucessão dinástica, terras, água, rotas comerciais, recursos minerais, fronteiras e supremacia cultural. Um conhecimento inestimável sobre a composição e a tática dos primeiros exércitos Sumérios é gerado pelo "Estandarte de Ur", uma caixa de madeira embutida com cenas de conflito e paz desenhadas em mosaico, datada de 2.500 a.C. (localizada atualmente no Museu Britânico, em Londres). O painel de "Guerra" desta caixa mostra, através de três camadas, uma frente militar Suméria conduzindo uma guerra de fronteira. Na primeira camada, podemos ver o comando supremo, o rei (provavelmente Ur-Pabilsag, falecido em 2.550 a.C.), de pé no centro, encarando uma fileira de soldados inimigos derrotados e subjugados. Atrás dele, há uma carruagem nobre de quatro rodas, puxada por mulas ou onagros, além de sua guarda real, os homens segurando lanças e pequenos machados de guerra.

A próxima camada mostra a infantaria Suméria, organizada em fileiras sobrepostas, apontando longas lanças ao inimigo. Cada um destes soldados está uniformemente vestido, em capacetes de metal e com capas cravejadas. Esta última pode sugerir uma forma de armadura; camadas grossas de couro acolchoado, acentuadas com tiras ou pregos de metal, eram um tipo básico de armadura da era medieval, que conferia alguma proteção contra cortes de espada ou golpes penetrantes. Perceba que a guarda real acima mencionada, em contraste, está vestida de forma mais leve, representando o que podemos chamar de "infantaria leve" (veja abaixo).

Na camada mais baixa do painel, carruagens de tropas Sumérias estão em ação, passando por cima dos corpos de seus inimigos. As carruagens, ou mais estritamente falando, "vagões de batalha", (carruagem implica em uma mobilidade e uma velocidade que esses veículos definitivamente não possuíam), têm frontes altas para fornecer proteção à frente para o cocheiro, quatro rodas sólidas de madeira, e são carregadas por dois animais e controladas por um tipo de rédea e comando típicos de um sistema de transporte em campos na antiguidade. Cada vagão possui dois ocupantes: um dirigente e um lanceiro ou lançador de dardos, o último ficando em pé em uma plataforma no fundo do vagão, se estabilizando ao colocar sua mão esquerda no ombro do cocheiro.

COMPOSIÇÃO: COMANDO, INFANTARIA, TROPAS MÓVEIS

O Estandarte de Ur pode ser utilizado como uma referência inicial para a nossa discussão sobre os exércitos da antiguidade e para como eles lutavam. Se nós fôssemos decompor o exército Sumério ilustrado de acordo com funções táticas básicas, a organização poderia ser como a seguir:

Comando - O rei age como comandante supremo do exército, apesar de comandos específicos a cada unidade do campo de batalha serem passados por comandantes sucessivos até chegar àqueles que lideram grupos menores de tropas na linha de frente. Níveis de centralização de comando variavam tanto naquela época quanto agora, mas como regra geral, tropas da linha de frente tinham um pouco de independência em seu manejo, independência esta que os exércitos modernos buscavam.

Infantaria - A infantaria antiga – e de fato, em graus que variam, a infantaria dos dias de hoje – podem ser separadas vagamente entre os tipos "pesados" e os "leves". A infantaria pesada tendia a lutar em fileiras compactas, formando cunhas de "tropas de choque", armadas com lanças longas, e, para lutas de perto, machados, bastões e espadas. Eles se protegiam através de armaduras e capacetes, e, a depender da riqueza do exército, por escudos de diferentes tamanhos e formatos (tipicamente feitos de vimes ou de madeiras revestidas em couro ou de metal). A infantaria pesada, devido a seus armamentos, armaduras e fileiras compactas, se movia relativamente devagar e de forma metódica, mas formava o núcleo ofensivo poderoso do exército no campo de batalha. A infantaria leve, por sua vez, tendia a trabalhar em função de "escaramuça", operando com uma roupagem e armamento leves (espadas, adagas, dardos leves e pequenas lanças) e em formações mais soltas e ágeis. Com ataques rápidos, eles costumavam destruir a formação das tropas inimigas antes dos principais confrontos de infantaria pesada, rompendo as fileiras de seus oponentes, ou se moviam rapidamente para explorar uma oportunidade tática, como uma ala exposta.

Tropas Móveis - Por tropas móveis, refere-se na realidade a soldados montados em vagões, ou, posteriormente, carruagens apropriadas, mas, no decorrer do avanço da nossa análise, eles virão a ser definidos como cavalaria. Tropas móveis foram utilizadas tanto como uma tropa de choque, indo até tropas inimigas e atacando-as com lanças, dardos e espadas, normalmente antes de se afastar para se preparar para outro ataque; quanto como tropas de reação rápida, que se separavam para explorar fileiras que estavam fraquejando ou quebradas. Por vezes, elas também poderiam ser utilizadas fisicamente para esmagar e abrir fileiras na infantaria de seus inimigos, mas isto não era uma tática comumente escolhida – cavalos raramente cavalgariam por espontânea vontade em direção a uma parede de lâminas e lanças.

Esta ilustração básica da organização de um exército é confirmada por outras artes da antiguidade. Por exemplo, na Estela dos Abutres, um monumento que retrata uma vitória, datado do ano de 2.460 a.C., que celebra a vitória de Lagas sobre os Umma, vemos novamente fileiras compactas de infantarias protegidas por capacetes, escudos e lanças, totalizando seis fileiras, além de carruagens com tropas que lançavam dardos. Apesar da infantaria leve não ser ilustrada com profundidade nesta forja em pedra fragmentada, podemos ver algumas tropas mais leves sem escudos, armadas com lanças e machados.

A esta imagem devemos adicionar "tropas de mísseis", apesar de estas poderem ser uma subcategoria de ambas as tropas de infantaria e as móveis. Tropas de mísseis eram compostas por aqueles soldados que lutavam arremessando ou impulsionando de alguma forma diversos tipos de mísseis em direção aos inimigos. Nós já havíamos mencionado os dardos e as lanças de arremesso neste contexto; estas armas leves eram geralmente impulsionadas por força braçal somente, apesar de haver aparelhos para auxiliar nos arremessos, adaptados de ferramentas de caça, que possibilitavam ao arremessador aplicar maior alavancagem ao lançamento e, portanto, estender o alcance da distância. No entanto, como regra geral, dardos lançados à mão tinham um alcance de 15-20 metros, mas, com assistência mecânica, mais 10 metros poderiam ser adicionados.

Por sua vez, o arco-e-flecha oferecia maior alcance e, em mãos treinadas, acerto. Arqueiros eram um componente imprescindível da maior parte dos exércitos antigos. Eles ofereciam um atrito a longo alcance em inimigos bem antes de soldados de infantaria em massa encurtarem a distância, e eles também poderiam acertar alvos importantes com um acerto impressionante, como, por exemplo, comandantes de tropas inimigas. Os primeiros arcos para combate eram construídos por um único pedaço de madeira. Apesar de certamente eficazes, estes arcos tinham seu desempenho afetado por mudanças na umidade e na temperatura do ambiente. Eles também eram necessariamente longos para prover a energia elástica requisitada na puxada, tornando-os inapropriados para uso dentro de tropas de infantaria compactas ou que estavam a cavalo. No terceiro e no segundo milênio a.C., entretanto, vemos o aparecimento de arcos compostos – arcos encurtados construídos a partir de um centro de madeira na frente e chifres de animais na parte de trás. Ao fazer este armamento de forma contraplacada, gerava-se no arco muita força para o seu tamanho, o que significa que arqueiros talentosos com os melhores arcos conseguiam alcançar alvos em até 175 metros de distância. Estes arcos também podiam ser facilmente manuseados em carruagens ou até mesmo ao montar cavalos. Alguns povos, como os Citas e os Assírios, tornaram-se notórios pelos seus talentos excepcionais com o arco, que eram cultivados desde a juventude.

A arma de arremesso com o alcance mais longo era o estilingue, que utilizava força centrífuga para gerar impulso para arremessar um pequeno projétil (normalmente uma pedra, mas posteriormente pequenas balas de chumbo) chegando a alcances de até mais do que 400 metros (437 jardas), a velocidades de 100 metros por segundo (318 pés por segundo). O lançador de estilingue mais famoso da história é Davi, do conto bíblico de Davi e Golias. A habilidade de Davi de acertar o centro da testa de Golias não é exagero; lançadores bem treinados conseguiam atingir alvos humanos em alcances próximos, por vezes até mesmo com uma capacidade de penetrar armaduras. (Pedras de estilingues foram encontradas embutidas em paredes de tijolos de barro de antigas fortalezas).

Infantarias (leves e pesadas), carruagens e cavalarias eram os ingredientes básicos de exércitos antigos. O truque para alcançar vitórias com estes ingredientes consistia em comandantes os combinarem da forma mais efetiva possível, otimizar o poder de homens e armas e aplicá-los nos momentos certos da batalha para atingir efeitos decisivos.

ARMAMENTO DE COBRE, BRONZE E FERRO

O desenvolvimento na metalurgia antiga teve um impacto crucial na evolução do conflito, especialmente em termos de letalidade, produção em massa e durabilidade de armamentos de mão. Os primeiros tipos de armamento de metal eram feitos de cobre puro. Isso foi descoberto no sétimo milênio a.C., provavelmente em

Anatólia, e foi utilizado extensivamente na Mesopotâmia e no Egito por volta do quarto milênio a.C., espalhando para a Índia, China e Europa. O problema com o cobre é a sua maleabilidade inerente, tornando-o propenso a dobrar, quebrar ou cegar no decorrer da batalha. A solução foi misturar cobre com estanho para formar o bronze, o que foi significativamente mais difícil, e, crucialmente, adquirir uma ponta mais afiada, tornando-o ideal para espadas e adagas. O bronze teve sua primeira aparição por volta de 2.800 a.C. com os Sumérios e, mais uma vez, se espalhou internacionalmente ao longo do milênio por vir. Houve um lado negativo neste material, no entanto: o bronze podia ser transformado em armamentos luxuosos, mas era custoso e, portanto, não era ideal para armar uma infantaria massiva. A descoberta crucial veio com a utilização do ferro em cerca de 1.500 a.C. O ferro é mais difícil de manusear do que o cobre ou o estanho e, em seu estado básico, é mais maleável do que o bronze, mas possui a vantagem de ser mais abundante. Seu valor para a produção de armamento teve um salto imensurável no século XI a.C., quando o carbono (via carvão) foi fundido ao ferro para formar o aço, que se tornou um metal supremo para a fabricação de armamento: durável, acessível e capaz de possuir uma ponta afiada. Com a introdução do ferro e do aço, outros metais foram se tornando materiais para armamentos com propósitos puramente cerimoniais.

A ASCENSÃO DOS ESTADOS DE GUERRA

Mantendo nossa atenção na Mesopotâmia, no Oriente Médio e o Leste Mediterrâneo entre o terceiro e o primeiro milênio antes de Cristo, testemunhamos a firme ascensão de cidades-estado ao nível de poderes imperiais, com os exércitos em aliança expandindo em escala e capacidade de combate para alimentar a expansão política e geográfica. Nós já citamos os exércitos da Suméria, mas outros poderes logo começam a disputar pelas suas posições na história marcial. Entre 2340 e 2284 antes de Cristo, por exemplo, o regente Sargon de Akkad forjou o primeiro Império Mesopotâmio, com fronteiras que contornam de maneira próxima o território do Iraque dos tempos modernos, através da conquista militar, absorvendo os territórios de outras cidades-estado regionais com um exército de 5.400 soldados, que incluía carruagens com quatro rodas e arqueiros equipados com arcos compostos. Outros reinos cresceram ao

Esta impressionante obra de beleza marcial, o capacete dourado de Meskalamdug (de cerca de 2.600 a.C.) – um antigo governante sumério – agora reside no Museu Britânico.

redor de Assíria, Babilônia e Egito. O regente babilônico Hammurabi (1792-1750 a.C.), por exemplo, se voltou contra seus aliados no século XVIII a.C., levando seu controle territorial no sentido oeste adentro do Deserto Sírio e ao leste para o Golfo Pérsico.

Alguns dos conhecimentos mais reveladores sobre as guerras antigas, porém, vêm do Império Egípcio (séculos XVI-XI a.C.). Durante este período, o Egito – já consolidado como poder supremo no norte da África – entrou em conflito com estes poderes dentro e além da península Arábica, conforme os faraós tentavam criar uma zona neutra protetiva entre ela e as forças rivais do Levante. As consecutivas batalhas mostram explicitamente o uso de táticas, no lugar de mera força bruta e número de soldados, para adquirir vantagem no campo de batalha. Na Batalha de Megiddo, em cerca de1468 a.C., por exemplo, o Faraó Tuthmosis III (1479-1425 a.C.) evitou e deixou para trás habilidosamente um exército combinado de príncipes de Megiddo e Cades na Palestina por meio de um movimento audacioso pela estreita Passagem de Aruna. Isto ofereceu uma rota ágil pelas montanhas, mas era justamente a rota que os inimigos imaginavam que ele evitaria, pois deixaria seu exército vulnerável a um ataque.

A maior batalha já registrada no Império Egípcio foi, porém, uma que ocorreu em Cades em cerca de1275 a.C. Combatida pelo Faraó Ramsés II (1279-1213 a.C.) contra o rei Hitita Muwatalli II na Síria Ocidental, ela testemunhou o exército de Muwatalli emboscar os egípcios com um ataque massivo de velozes carruagens de duas rodas que levavam dois soldados cada, realizando massacres pelos territórios do Rio Orontes enquanto as filas de forças egípcias avançavam para invasão pelo norte de Cades. Parecia que os Hititas iriam dividir as forças egípcias e levá-las a mais uma derrota, mas um contra-ataque poderoso no norte, liderado pessoalmente por Ramsés, e a chegada de reforços pelo oeste e pelo sul, garantiram um dia de vitória para os egípcios, embora o acordo de paz feito posteriormente tenha dado aos Hititas o território de Cades.

O poder do Egito continuaria sendo considerável por mais um século, mas durante o reinado de Ramsés III (entre 1186-1155 a.C.), o centro do poder erodiu com os ataques do "Povo do mar". A composição étnica e política deste povo do mar ainda é debatida por historiadores, mas é certo que eles trouxeram derrotas exaustivas aos egípcios, tanto no mar quanto na terra. Estas primitivas batalhas navais estabeleceram padrões que permearam pela história antiga. Embarcações movidas a remo, repletas de aríetes submersos, buscavam empurrar e afundar o oponente ou aproximar-se o suficiente para intensas batalhas de javelin, armas de arremesso e barragens de flechas. Navios também eram enganchados juntos, jovens soldados e marinheiros embarcavam nos navios inimigos e combatiam nos deques. De muitas formas, estes primitivos navios de guerra funcionavam mais como plataformas para uma infantaria de guerra flutuante do que como instrumentos de destruição por si sós.

IMPÉRIOS DE GUERRA

Durante a primeira metade do primeiro milênio a.C., a força imperial na Mesopotâmia chegou a novas alturas. Poderes imperiais não apenas reuniram exércitos de tamanho formidável (ainda que frequentemente exagerados), que trouxeram consigo demandas de controle e comando, mas os estados que construíram o império também tinham suas próprias táticas, que eram desbalanceadas em sua organização e tecnologia de guerra. Alguns estados, por exemplo, tinham fortes tradições com o arco e flecha, enquanto outros traziam o combate em montaria. Ainda mais notável durante este período foi a transição, durante o século VIII a.C., de carruagens para cavalarias individuais. Soldados de cavalaria eram mais rápidos, tinham mais mobilidade e eram mais estrategicamente versáteis que carruagens. Eles usavam lanças, dardos e arcos; apesar de sua ondulante plataforma animal, arqueiros de cavalaria como os Citas conseguiam atingir seus alvos mesmo montados em um cavalo galopante.

Dos séculos IX ao VII a.C., o maior dos impérios da região foi o Império Assírio, que expandiu sob a liderança de guerreiros como Shalmaneser III (859-824 a.C.), Tiglate-Pileser III (745-727 a.C.), Senaqueribe (705-681 a.C.) e Ashurbanipal (669-631 a.C.). Os Assírios tiveram um período de triunfos, vencendo forças como os Hurritas, Hititas, Egípcios e Judeus com um exército que se especializou cada vez mais. Até o início da história Assíria, seu exército era essencialmente uma milícia sazonal, ou seja, uma força militar civil convocada quando a mão de obra não era necessária em tarefas agrícolas socialmente críticas, como a colheita. Mas conforme o tempo passou, e especialmente sob Tiglath-Pileser III, um grande exército foi formado para permitir que a Assíria mantivesse e expandisse seu império. Era uma força mista de carruagens, cavalarias, arqueiros e soldados a pé, coordenados pela liderança de generais especialistas e divididos em estritos sistemas de tamanhos de unidades, em múltiplos de 10, 100 ou 1,000.

Uma guerra assíria de dois homens em uma carruagem em ação, claramente indicando como o arqueiro na plataforma pode realizar tiros precisos no alvo (neste caso em inimigos guerreiros) enquanto estiver em movimento em velocidade.

No campo de batalha aberto, o exército Assírio era uma entidade vencedora de guerras, capaz de rapidamente redirecionar e concentrar suas forças. Mas os Assírios também eram especialistas em outro pilar da guerra antiga: cercos. Em 701 a.C., o exército de Senaqueribe cercou a cidade murada judeia de Laquis. A ação é convenientemente demonstrada em detalhes no palácio de Senaqueribe. Eles mostram técnicas sofisticadas de cerco, utilizando muitos dos princípios e tecnologias que seguiram pautando as batalhas de cerco no período medieval. Laquis foi primeiramente rodeada, forçando um bloqueio. Arqueiros trabalharam juntos com escudeiros, o escudo protegia o atirador, enquanto o arqueiro mantinha fogo supressivo contra defensores no topo do forte. Igualmente protegidos, engenheiros assírios desestabilizavam as estruturas com escavações. Eles também construíam uma rampa pavimentada, na qual uma torre de madeira sobre quatro rodas, uma ferramenta de cerco, posicionada contra as paredes da cidade, que golpeava as paredes com aríetes acoplados, enquanto arremessadores e arqueiros atiravam nos judeus, outras infantarias escalavam as paredes com suas escadas de assalto. Laquis caiu e o exército assírio, fazendo jus à sua fama por crueldade, massacrou grande parte da população da cidade.

O Império Assírio permaneceu grandioso até o século VII a.C., quando, na segunda metade do século, começou a ruir vertiginosamente. O evento marcante ocorreu em 612 a.C., quando a aliança das forças babilônicas e medas invadiram a capital assíria Nínive, que foi tomada após um cerco de três meses. Ao fim do século, o já muito reduzido império estava curvado e seus territórios seriam tomados sucessivamente por outros impérios em ascensão.

Seguida da perda de Nínive, outros impérios e cidades-estados, incluindo a Babilônia, Egito e Israel, lutaram pela conflituosa posse destes territórios. Comandar um grande exército não bastava para garantir a vitória; ele precisava estar aliado a uma talentosa liderança. Isto é apropriadamente demonstrado na ascensão do Império Persa sob o comando de Ciro, o Grande (559-530 a.C.), o fundador do que hoje conhecemos como a dinastia aquemênida. Ciro foi um líder agressivo e inovador. Um exemplo de sua competência militar ocorreu em Sárdis, a capital de Lídia, em 546 a.C., quando o exército de Ciro foi atacado por uma aliança lídia numericamente superior. Ciro posicionou suas tropas em uma forma defensiva quadrangular, com uma barreira de lanças nas bordas que afastavam os adversários enquanto arqueiros disparavam flechas do centro da formação. Esta tática rompeu tão drasticamente a ofensiva lídia que Ciro foi capaz de lançar um contra-ataque, e Sárdis foi logo tomada. Em 539 a.C., Ciro derrotou um exército em Ópis, e depois participou de um cerco para tomar a Babilônia ele próprio. A este ponto, Ciro comandava efetivamente o norte da Mesopotâmia, e muito da Anatólia e do Irã Ocidental. Assim como veremos em seguida, subsequentes imperadores persas encontraram aliados em suas tentativas de anexar a Grécia ao Império Persa. Alguns pontos que valem ressaltar antes de continuarmos. Assim como em muitos impérios antigos, os exércitos começavam informalmente, com forças sazonais reunidas com aliados de tribos locais. Mas a especialização rapidamente lapidava e desenvolvia estas forças. Algumas das reformas de Ciro incluíam:

- Formar uma infantaria pesada de elite chamada de "Imortais", uma guarda real e o pilar de um exército oficial. O nome dos Imortais vinha do fato de que sua força era sempre mantida em 10.000 homens, qualquer baixa no campo de batalha ou por doença era imediatamente substituída.
- Ciro aumentou a proporção de cavalarias em seu exército, de cerca de 10 por cento no início de seu reinado até cerca de 20 por cento, tendo conhecimento do papel decisivo que cavalarias – tanto as pesadas quanto as leves – poderiam ter no campo de batalha.
- Carruagens persas costumavam possuir foices acopladas ao eixo de suas rodas, o que poderia ser devastador em passagens próximas por infantarias.

- Ciro manejou melhorias importantes para a logística militar, capacitando seus exércitos a conduzir campanhas de longas distâncias. Era designado um comissariado responsável por todas as questões sanitárias, de provisões, acampamento e equipamentos necessários. Ao mesmo tempo, Ciro obrigou cada governador Persa (ou sátrapa) a manter suprimentos preparados para dar suporte às campanhas militares.
- Um corpo profissional de engenheiros de combate construiu pontes e estradas para facilitar o posicionamento ágil até dos maiores exércitos.

CONFLITO NA GRÉCIA ANTIGA E A ERA HELENÍSTICA

Durante a ascensão do Império Persa, a Grécia consistia em uma grande coleção de cidades-estados relativamente pequenas, sobrevivendo tanto de forma independente quanto formando alianças regionais. Constantes atritos entre as cidades-estados mostram que a Grécia possui uma profunda psique militar, codificada nas duas grandes narrativas épicas escritas por Homero nos séculos VIII e VII a.C.: A Ilíada, que retratava a grande guerra de Tróia; e a Odisseia, as crônicas da jornada de uma década de Odisseu após a queda de Tróia. Exércitos gregos anteriores ao reinado de Filipe II da Macedônia (359-336 a.C.) eram forças civis, todos os homens adultos livres tinham a obrigação de atender ao serviço militar quando requisitados. Devido ao terreno montanhoso da Grécia, os exércitos gregos normalmente se utilizavam pouco da cavalaria (novamente, algo que mudaria sob a regência de Filipe) e, no lugar disso, confiavam nas infantarias hoplitas pesadas. Os hoplitas vestiam uma extensa armadura, carregavam um escudo grande de madeira e lutavam com lanças com 2,30 metros a 3 metros de comprimento, e uma espada curta como arma reserva. No campo de batalha, os hoplitas se posicionavam em falange, uma formação apertada e normalmente formada de oito linhas, que executada com a devida disciplina, erguia uma parede de lanças e força bruta para empurrar seus inimigos.

Pelo começo do século V a.C., as duas cidades-estados mais poderosas eram Atenas e Esparta. Ambas possuíam excelentes exércitos. Esparta, em especial, tinha uma cultura única de guerreiros, todos os homens eram treinados desde os sete anos de idade para serem endurecidos, habilidosos com o manejo de armas e brutalmente destemidos em combate.

As capacidades militares de Atenas e Esparta, e a de muitas outras cidades-estados, foram testadas até seus limites no início do século V a.C., quando a expansão persa guiada pelo imperador Darius I, o Grande (522-486 a.C.) levou a ondas de invasões persas na Grécia em 490 a.C., sendo o seu principal alvo Atenas. Na planície costeira de Maratona, bem ao norte de Atenas, hoplitas atenienses conseguiram uma vitória que ainda ressoa pela história. Tendo reunido talvez até 25.000 tropas na baía de Maratona, os Persas foram surpreendidos por uma investida militar de 10.000 hoplitas gregos. Notoriamente, o comandante Miltíades deliberadamente dispôs o centro de sua formação em falange, quando o contra-ataque persa começou a avançar pela formação, e os Gregos cercaram seus adversários, emboscando os persas no centro da formação. Os persas que sobreviveram à armadilha e subsequente perseguição fugiram para seus navios e partiram. Atenas foi salva.

Dez anos depois, em agosto de 480 a.C., o ambicioso filho de Darius, Xerxes, decidiu que era hora de vingar a derrota de seu pai, lançando mais uma invasão à Grécia, desta vez com proporções muito maiores – possivelmente cerca de 200.000 homens. Em um impressionante ato de sacrifício, 300 espartanos e cerca de 1000 aliados gregos seguraram a onda de soldados Persas em uma passagem estreita em Termópilas. Estima-se que 20.000 soldados Persas foram abatidos antes que todos os soldados Gregos fossem eliminados. Os Persas avançaram para cercar Atenas, mas as frotas atenienses devastaram os invasores Persas que vinham pelo mar, dos quais as tropas terrestres dependiam para sua logística e movimentação costeira, na batalha naval de Salamina. Os atos finais da vitória grega viriam nas batalhas de Plateias e Mícale em 479

A falange grega trabalhou concentrando uma massa de humanidade e lanças através de uma frente densa, avançando sem remorsos. A formação tinha pouca mobilidade, no entanto, e tornou-se obsoleta na era da cavalaria.

a.C., confirmando a superioridade da disciplinada formação em falange dos gregos sobre a diversificada massa do exército persa.

Enquanto o início do século V a.C. testemunhou os gregos repelindo as ameaças externas, muito do restante do século foi marcado pelas lutas que os gregos travaram entre si. Durante a Guerra do Peloponeso de 431-404 a.C., lutada esporadicamente entre a Liga de Delos (liderada por Atenas) e os Peloponésios (liderados por Esparta), fraquezas emergiram nas táticas de guerra atenienses e trouxeram a sua maior derrota nas mãos da Liga de Delos. Durante o cerco ateniense de Siracusa (415-413 a.C.), suas táticas limitadas e falta de ferramentas de cerco permitiram que os espartanos não apenas quebrassem o cerco como também destruíssem as forças atenienses conforme elas se retiravam pelas montanhas. Atenas foi posteriormente sufocada por um cerco terrestre, e, em 405 a.C. o habilidoso general espartano Lisandro esmagou as frotas atenienses em Egospótamo levando-os para longe da costa de Trácia, reduzindo drasticamente a vida marítima de Atenas. A cidade foi forçada à rendição no ano seguinte.

Após a batalha que selou o destino de Atenas, novas forças começaram a se tornar notórias na Grécia. Durante as chamadas Guerras Tebanas (378-362 a.C.), o exército de Tebes infligiu severas derrotas tanto para Esparta, em Leuctra, em 371 a.C., quanto para um exército combinado de forças atenienses e espartanas em Mantinéia em 362 a.C. Ambas as vitórias podem ser creditadas ao general tebano Epaminondas, que mostrou versatilidade e talento na formação de hoplitas, fortalecendo massivamente um flanco enquanto esvaziava outro, causando desordem nas formações inimigas. Entretanto, Epaminondas foi morto no último estágio da Guerra da Mantinéia, uma derrota que acarretaria a queda do poder tebano. Apesar disso tudo, superando completamente a breve ascensão de Tebes, houve a extraordinária ascensão da Macedônia, um reino no norte da Grécia, sob a liderança de duas das maiores figuras da história militar: Filipe II e seu filho, Alexandre III (336-323 a.C.), conhecido como Alexandre, o Grande.

Filipe reformulou seus exércitos extensivamente, através de inovações em suas organizações, treinamentos, formações táticas e artilharia. Ele aumentou o tamanho das fileiras nas formações em falange, mas também aumentou o espaço entre os soldados, melhorando sua capacidade no combate próximo. Seus hoplitas eram divididos em dois tipos: os pezetaeras armados com lanças sarissa de 4 metros e os ágeis e móveis hipaspistas, normalmente posicionados no flanco direito para atuarem como um eixo para a formação. As infantarias leves, conhecidas como Peltastas, lutavam na retaguarda com seus arcos, armas de arremesso e dardos. Cavalarias numerosas e bem treinadas também eram essenciais para o exército macedônio, incluindo a elite aristocrática "Heteros" e talentosos mercenários Tessálios. Filipe introduziu a lança e armas pesadas de arremesso – catapultas e balistas – que são um dos exemplares mais antigos de artilharia de campo. Reunido, esse exército bem composto era uma verdadeira entidade vencedora de batalhas.

Na batalha de Queronéia em 338 a.C., Filipe provou o valor de seu exército quando ele e seu filho Alexandre, que liderava a cavalaria macedônica, demoliram uma força combinada de soldados tebanos e atenienses, numa vitória que deu ao povo macedônio controle sobre a Grécia. Os olhos de Filipe agora estavam voltados para o leste, mirando a conquista da Pérsia, apesar de suas ambições terem sido destruídas após seu assassinato em 336 a.C. Em seu lugar, seria Alexandre que não apenas forjaria um dos maiores impérios do mundo antigo, mas também tomaria seu posto no panteão dos mais elevados comandantes militares da história.

Após consolidar seu domínio sobre a Grécia, Alexandre avançou para o sul e para o leste, acumulando vitória após vitória até que seu império se estendesse da Grécia até o Egito, do oeste da Pérsia até o norte da Índia. Todas suas vitórias são dignas de estudo, lições de agressividade canalizada e rigidez tática. Na Batalha de Issus em novembro de 333 a.C., por exemplo, Alexandre usou uma combinação de uma falange central poderosa e ataques pelo flanco de cavalarias para derrotar uma força persa com três vezes o tamanho de seu exército. Uma vitória similar foi conquistada em 331 a.C. na Batalha de Gaugamela (Arbela) contra um exército Persa com uma vantagem de 4 homens para cada 1 de Alexandre; novamente, os Persas foram dizimados, o que permitiu que Alexandre tomasse a capital persa, a Babilônia. No Rio Jhelum, no norte da Índia, em 326 a.C., ele desequilibrou o exército de Porus, Rei de Punjab, fazendo parte de seu exército avançar pelo rio durante a noite, executando uma manobra anfíbia e utilizando dardos leves para assustar os elefantes de guerra do oponente logo antes de uma força combinada de infantaria e cavalaria avançar para o ataque.

Além de talentoso estrategista, Alexandre também teve a virtude da inteligência para estratégia. Ao conquistar territórios, ele geralmente permitia que os costumes e culturas locais continuassem – ele mesmo adotou muitos hábitos persas – e desta forma construiu uma rede de impérios aliados. Mas ele era a liga que mantinha suas conquistas. Após sua morte em 323 a.C., o império implodiu rapidamente enquanto outros impérios e estados começaram a devorar os territórios macedônios. No século II a.C., a própria Grécia sucumbiu ao maior símbolo de poder do mundo antigo – Roma.

O MAQUINÁRIO DE GUERRA ROMANO

A história de Roma e do império forjado por ela cobre um período de mais de 1.000 anos, então uma rápida revisão de sua história seria algo além do escopo deste livro. O que é claro, porém, é que Roma jamais evoluiria de uma pequena cidade-estado para o maior e mais duradouro império da história sem as capacidades de um exército habilidoso. Este exército cresceu como uma força civil durante o século VI a.C., que era recrutada conforme a demanda de batalhas específicas. Levaram muitos séculos e inúmeras reformas para torná-lo a sólida máquina de guerra que ele viria a se tornar.

Entre o século V e III a.C., Roma estava estagnada com um uma interminável sequência de guerras e, com elas, seu poder avançou firmemente nas terras que seriam futuramente a Itália e além, chegando pelos territórios gregos até as bordas do Mediterrâneo. Olhando para trás para a coleção de batalhas lutadas por Roma nessa época, nos deparamos tanto com derrotas quanto com vitórias. Em 390 a.C., por exemplo, forças celtas do norte da Europa – conhecidas por lutarem de maneira tão selvagem que as formais táticas romanas não sabiam como contra-atacá-las – derrotaram um exército romano em Alia e avançaram para Roma, ocupando boa parte da cidade; apenas o pagamento de um grande tributo lhes convenceria a sair. Durante a Batalha das Forças Caudinas em 321 a.C., o exército romano foi praticamente erradicado numa passagem montanhosa devido a uma emboscada saminista. Em 218 a.C., durante as Guerras Púnicas entre Roma e Cartago, o poderoso líder cartaginês Aníbal guiou seu exército desde a Espanha, através de Gália, e cruzou os alpes até o norte da Itália onde seu exército permaneceu por 15 anos. Durante este período, ele trouxe numerosas derrotas aos romanos: em Trébia (218 a.C.), no Lago Trasimeno (217 a.C.) e, mais fatalmente, em Canas em 216 a.C.– com um saldo de 50.000 soldados mortos, foi a mais grave derrota da história militar de Roma. Ainda assim, o exército romano era adaptável e resiliente, rebatendo derrotas com vitórias igualmente grandiosas e aprendendo com seus erros nas mãos de novas gerações de comandantes. Com a chegada do século II a.C., o exército romano passou por períodos importantes de reformas que fortaleceram sua disciplina e poder de combate. Suas legiões – formações vigorosas, algumas contendo 4.500 a 5.000 soldados cada – continham uma mistura de veteranos e novatos, com hierarquias organizadas com inteligência para que os mais velhos e habilidosos pudessem dar apoio aos guerreiros mais jovens. Legiões foram convocadas aos bandos, manípulos e sub-divisões seculares, e cada legião romana era feita de forma espelhada à da força inimiga; dois Romanos e duas legiões aliadas formavam um exército, chamado assim pois era comandado por um dos dois cônsules romanos (o cargo mais alto que se podia adquirir no estado romano por eleição). As regras permitiam que o comando deste exército em campanha alternasse entre os dois frequentemente, apesar desta regra ser suspensa frequentemente.

ANÍBAL (247-182 a.C.)

Filho do grande Cartegiano, o general Amílcar Barca, Aníbal cresceu determinado a vingar a derrota de Cartago durante a primeira Guerra Púnica (246-241 A.C.), na qual seu pai foi gravemente ferido. Em 218 a.C., ele notoriamente levou seu exército através dos Alpes e da Itália, perdendo milhares de homens durante a brutal marcha. Mas Aníbal manejou seu exército multiétnico brilhantemente, otimizando táticas regionais dos seus soldados de variadas nacionalidades. As grandes vitórias que ele teve sobre os Romanos entre 218 e 216 a.C. o levaram a ter o controle sobre boa parte da Itália por mais de uma década, o líder Cartaginês ganhou fama principalmente por seu habilidoso e coordenado uso de sua infantaria e cavalaria. Ao fim, porém, Aníbal era menos adepto a lutar longas guerras de atrito, e ele foi finalmente forçado a abandonar seus territórios tomados na Itália e sofrer duras derrotas contra os romanos no norte da África. Após 195 a.C., Aníbal foi exilado, e então cometeu suicídio por envenenamento em algum ponto entre 183-181 a.C. na Bitínia, optando pela morte à rendição aos Romanos que ainda o buscavam.

Uma notável função tática do exército da República Romana na guerra era a espaçada formação quincunce que lembrava um tabuleiro de xadrez formado de Manípulos individuais (cada um contendo 60 ou 120 homens, dependendo do tipo de tropa). Cada manípulo agia como uma pequena formação em falange, fazendo com que o exército romano fosse versátil e fácil de movimentar, aumentando ou reduzindo distâncias e filas conforme necessário, além de mais preparados para terrenos desafiadores. Os numerosos soldados eram armados com dois dardos de arremesso conhecidos como pilo, que eram lançados nos inimigos antes do impacto entre os exércitos. Eles também levavam uma espada gládio, com seu fio que percorria toda a espada, perfeita para combates de curta distância, os quais os romanos dominavam por meio de treinamentos pesados e recorrentes.

A especialização, confiança e formidável estoicismo do exército romano, combinados com excelência em logística e sagazes políticas imperiais, trouxeram a Roma um império que se estendia, em cerca de 50 a.C., do Mar Norte às costas do Mediterrâneo Oriental. As conquistas, que incluíam toda a Gália (onde hoje fica boa parte da França e Bélgica), foram anexadas ao império pelo procônsul romano Júlio César e seus exércitos em 58-50 a.C. Durante o século I a.C., porém, grande parte do império entrou em conflitos internos numa série de guerras civis com séries de facções rivais lutando por poder, e a situação piorava devido ao fato de que legiões romanas frequentemente juravam lealdade a seus comandantes e não ao estado romano. As guerras civis levaram grandes líderes, incluindo Júlio César, que foi assassinado em 44 a.C. O grande vencedor foi Otaviano, sobrinho-neto de César. Em 2 de setembro de 31 a.C., a frota de 400 navios de guerra de Otaviano rodeou as frotas de seu ex-aliado Antônio, que se tornou aliado e marido da rainha Cleópatra do Egito, na batalha de Áccio, além da costa da Grécia Ocidental.

A vitória de Otaviano em Áccio trouxe a ele poder indiscutível em Roma; Roma agora se tornava mais um império que uma república, e Otaviano tomou o título de Imperador Augustus (27 a.C.- 14 a.C.), pioneiro dos cerca de 200 anos da pax romana. Apesar deste ter sido um período de estabilidade em termos de governança centralizada para Roma, conflitos borbulhavam em níveis variados de intensidade ao longo do reinado de Augusto e dos imperadores que viriam depois dele nos séculos I e II d.C. As forças imperiais de Roma estavam sempre ocupadas protegendo fronteiras, um serviço que Augustus aprimorou ao enviar veteranos desmobilizados pelos territórios fronteiriços, onde eles poderiam tanto favorecer a economia imperial por meio da agricultura quanto servir como soldados de reserva caso estes territórios fossem atacados.

O exército comum de legionários, que esbanjava seu poder de cerca de 300.000 a 500.000 homens era uma pequena força diante de um território tão vasto para patrulhar, que alcançou sua extensão sob o império de Trajano (98-117), que em seu tempo anexou praticamente toda terra entre o Norte da Grã-Bretanha e o Golfo Persa. Ele conquistou este feito de gestão territorial através do posicionamento de tropas em cadeias de acampamentos permanentes e grandes fortes (castella) ao longo das fronteiras, assim como o crescente uso de aliados não-romanos – durante somente o reinado de Augustus, o exército romano incluía cerca de 150.000 tropas auxiliares. A alternante lealdade desses soldados foi demonstrada com solenidade em setembro de 9 d.C. na Floresta de Teutoburgona , na Alemanha, onde três legiões romanas foram massacradas depois que um exército do povo Querusco, liderado por Armínio, se voltou contra seus até então aliados.

Apesar destes desastres localizados, durante o primeiro e o século II d.C., a lei romana reinou com soberania. A Grã-Bretanha foi anexada ao império após sua invasão em 43 d.C. pelo imperador Claudius e as constantes rebeliões dos Celtas Britânicos, lideradas pela rainha Boadicea da Tribo Iceni, em 60-61 d.C., foram vencidas. O Imperador Trajano subjugou os determinados Dácios durante suas campanhas de 101-06 d.C., e, então, estes foram dominados pelos Partos, adversários de longa data dos romanos, entre 115 e 117 d.C. O sucessor de Trajano, Adriano (117-138 d.C.) era igualmente militarista em seu exterior, e consolidou ainda mais o império, com a construção da famosa muralha pelo norte da Grã-Bretanha, para manter longe as temidas tribos Celtas ao norte.

O longo e vagaroso declínio de Roma começou no século III, quando Roma começou a perder seu poder centralizado sobre o império, que acabou dividido no século IV em um império ocidental e um oriental. O Império Romano Oriental era centrado em Constantinopla/Bizâncio. Já o Império Romano Ocidental reformou sua máquina de guerra para repelir as ondas de ameaças em seu perímetro, especialmente ao norte, onde variadas tribos guerreiras acenavam, com táticas cada vez mais predatórias, contra uma Roma enfraquecida.

Após uma grande derrota nas mãos de Ostrogodos e Visigodos em Adrianopla (atual Edirne, Turquia ocidental) em agosto de 378, uma notável mudança foi vista no exército romano, o crescente foco em cavalarias, que comporiam até 25% do exército com soldados montados; os romanos estavam agora se curvando à mobilidade no lugar da pressão bruta das infantarias. Através desta e de outras inovações, o exército romano manteve uma força formidável no Oeste até o fim de seus dias, capaz de vencer grandes batalhas. Em 394 d.C., por exemplo, o Imperador

As balistas romanas eram uma forma primitiva de artilharia. Elas usavam molas de torção para disparar pedras ou parafusos a distâncias consideráveis – mais de 300 m – e eram normalmente usadas em guerra de cerco, guerra naval ou contra grandes massas de tropas inimigas.

Teodósio (379-392) – o último dos imperadores a comandar as duas metades do império – dizimou um exército Franco liderado por Arbogast durante a batalha de Frigidus no Rio Isonzo, na Itália. É notável também que nas formações romanas havia 20.000 soldados Góticos, liderados pelo general vândalo Estilicão, um dos grandes generais "romanos" do último século do império. Em Chalons, no nordeste da França, em 451, o general romano Aécio derrotou o terrível bando de guerreiros liderado por Átila, o Huno (434-453), que caçou ambos os impérios ocidentais e orientais entre 441 e 453 com efeitos devastadores, embora sem conseguir tomar Roma. Porém, em 455, Roma foi tomada e saqueada por um exército Vândalo. Os pontos fracos de Roma agora já eram conhecidos, já que ela havia sido previamente saqueada em 410 pelos visigodos sob comando de Alaric. (Roma não era mais a capital do Império Romano Ocidental – ela havia migrado para o Mediolanum em 286 e para Ravenna em 402 – mas a cidade ainda carregava um status especial pelo oeste.) Roma seria saqueada mais duas vezes no século VI, pelos Ostrogodos, mas neste ponto a autoridade do Império Romano Ocidental era puramente decorativa; enquanto, como veremos no próximo capítulo, o poder do Império Oriental, ou Bizantino, estava apenas começando.

CONFLITO NA ÍNDIA E NA CHINA

Apesar de os romanos terem indiscutivelmente construído um dos mais poderosos e efetivos dos exércitos antigos, eles não eram os únicos que detinham forças imperiais sofisticadas. A meio mundo de distância, os chineses e os indianos possuíram exércitos grandiosos pelos dois milênios a.C. Assim como os romanos, estes exércitos eram instrumentos de um império, utilizados tanto para adquirir novos territórios quanto para defender esses territórios das inevitáveis agressões e pressões exercidas por forças externas.

Os exércitos mais antigos da China eram centrados em tropas montadas em carruagens, soldados e arqueiros. Uma influência extremamente educativa para o desenvolvimento das antigas forças armadas chinesas foi o imperador Qin Shi Huang (247-21 a.C.), o primeiro imperador a unificar a China. Ele fez um grande favor para a história da guerra ao ordenar a fabricação do "Exército de Terracota", uma vasta tropa de figuras fúnebres de terracota que incluía mais de 8.000 soldados, 130 carruagens e 150 cavaleiros. Muitos dos soldados estavam armados com engenhosas bestas, poderosas o suficiente para perfurar armaduras de placas. Essas armas, apresentadas pelos chineses séculos antes de eles se tornarem um território do oeste, eram partes integrantes da técnica das "armas combinadas" adotada pelo exército chinês. Um regimento de soldados, totalizando cerca de 1.000 tropas, continha uma mescla de infantarias pesadas e leves (que incluíam atiradores, arqueiros e lanceiros), cavalaria e carruagens, lutando juntos e de forma coordenada e cooperativa.

Qin Shi Huang parece ter investido especialmente em aumentar o número de atiradores com bestas em seus exércitos, dando a suas tropas uma vantagem única em poder de fogo. Mas ele não foi o inventor desta arma – na Batalha de Guai Ling em 341 a.C., por exemplo, as forças do estado Wei foram massacradas ao serem conduzidas a uma emboscada de tiros massivos de besta.

O modo chinês de fazer guerra se manteve relativamente constante ao longo do período medieval. Batalhas foram lutadas em escalas gigantescas, mostrando que princípios táticos bem aplicados funcionavam em escala. Por exemplo, apesar de não termos muitas evidências do confronto em Changping em 260 a.C. entre os Qin e os Zhao, o registro de 400.000 Zhaos mortos, apesar de parecer irreal, nos indica escalas de combates diferentes de tudo que vimos hemisfério ocidental. Os exércitos imperiais chineses, em uma história familiar, encontraram seu adversário enfrentando adversários de fora do império, que lutaram com táticas de diferentes estilos. As duas principais dinastias da China antiga – a dinastia Qin (221 - 206 a.C.) e a dinastia Han que viria a seguir (206 a.C.-220 d.C.) – tiveram grandes impérios para manter, com todos os gastos econômicos e militares que demandavam. No início da dinastia Han, uma invasão por nômades Xiongnu da Mongólia rendeu aos Han derrotas estremecedoras, com as fileiras chinesas lutando para enfrentar os arqueiros montados do inimigo. Na outra extremidade de sua vida dinástica, o Han teve uma derrota final esmagadora na Batalha de Penhascos Vermelhos em 208 d.C., com Cao Cao, o líder Han, sendo atraído relutantemente para um navio de batalha – não era uma fortaleza dos Han – no rio Yangtze pelos senhores da guerra do sul, que destruiu a frota Han com flechas de fogo e naves de fogo.

Olhando para a Índia, nossa visão sobre a guerra antiga no subcontinente indiano é prejudicada por uma escassez de fontes históricas, mas temos informações suficientes para construir uma imagem parcial. Uma das primeiras fontes, apesar do tema mítico, é o épico sânscrito Mahabharata, que foi provavelmente composto no século IV a.C., embora baseado em tradições mais antigas. A partir de tais fontes, podemos deduzir que por

O Exército de Terracota fornece uma visão incomparável das forças armadas chinesas do final do século III a.C. Os rostos individuais de cada guerreiro levaram alguns a considerar que cada figura é baseada em um humano real.

volta do 1º milênio a.C., os governantes indianos desenvolveram exércitos permanentes significativos, centrados em um grande número de soldados de infantaria que estavam armados principalmente com arcos e espadas e apoiados por carros que eram caracteristicamente tripulados pela nobreza guerreira. Elefantes de guerra funcionaram como veículo para chocar e esmagar as fileiras e fortificações de campos inimigos, embora a eficácia real das grandes criaturas no campo de batalha fosse limitada.

Podemos nos voltar também para o Arthashastra ('manual de política'), atribuído a Kautilya. Esta obra da arte política foi composta no século III a.C. e contém 3 livros individuais destinados a explicar o sistema militar indiano. Curiosamente, o Arthashastra descreve as atividades de guerra de forma muito mais ampla que o mero combate no campo de batalha; propaganda, espionagem, desinformação, construção de moral e muitos outros fatores sutis têm papéis fundamentais em eventuais vitórias e derrotas.

Kautilya era um oficial na corte de Chandragupta Maurya (321-298 a.C.), o fundador do império Máuria. Chandragupta, influenciado por Alexandre, o Grande, e seus sucessores, construiu um extenso império ao largo do norte da Índia e por boa parte do Sul da Ásia. As guerras destes tempos podiam ser extraordinariamente cruéis, mostrando elementos de "guerra total" que veremos posteriormente na história. Durante o reinado do imperador Ashoka (entre cerca de 268 e 232 a.C.), por exemplo, as forças máuricas invadiram e devastaram o estado de Kalinga em cerca de 262 a.C., pelo fato de os kalinganos não reconhecerem a autoridade máurica. Para aumentar a represália, Ashoka ordenou o assassinato de cerca de 100.000 kalinganos. Na verdade, tamanho era o horror desses espetáculos que Ashoka posteriormente adotou o Budismo e se tornou adepto de políticas pacíficas de estado. O império da Máuria colapsou no século II a.C.

Outro grande Império da Índia do período antigo foi o Império Gupta, fundado por Chandragupta I (que reinou entre 319-350) – o nome era um aceno intencional ao fundador Máuria – e expandido significativamente por seu filho Samudragupta (que reinou entre 350-375), um guerreiro extraordinário. Esse império se dobrou no século VI sob as invasões dos heftalitas – apenas um dos muitos povos da Ásia Central que sondaram e invadiram o norte da Índia desde o século I d.C.

Ao longo de nossa exploração de guerras antigas e exércitos neste capítulo, nós frequentemente retornamos para rítmicas expansões e contrações e, então, colapso de impérios. É evidente que a expectativa de vida dos exércitos antigos era finita. Os exércitos antigos eram parte de um complexo sistema social, cultural, econômico e político; a capacidade de combate sozinha não era o suficiente para perpetuar a segurança de um estado ou império. Além disso, da mesma forma que antigos impérios consolidavam seus domínios, novos impérios ascendiam no horizonte. A dispersão e o fluxo do poder eram constantes, e as maneiras de fazer guerra também passariam por profundas mudanças.

CAPÍTULO 2
A IDADE MÉDIA

A idade média (por volta de 500-1500), de forma global, foi uma época de notório caos. As guerras eram frequentes e sangrentas, cínicas e fanáticas, travadas por motivos que vão de manobras políticas a extrema fé religiosa. No fim do período, porém, o belicismo iniciou sua transição para a modernidade.

O que hoje nós chamamos de Idade Média, é amplamente atribuído a uma visão Eurocêntrica da história, situada entre o colapso da Roma Ocidental no século V e a queda da Constantinopla dos Turcos Otomanos em 1453. Este período de praticamente 1.000 anos, porém, é de fato significativo na história bélica global. Não apenas notamos sinais de mudanças na natureza dos meios de se combater – ainda que métodos antigos tenham persistido – mas também vemos campanhas militares literalmente remoldando o tecido social e ideológico do mundo. Estes eventos incluem a campanha dos francos, vikings e normandos, a eletrizante expansão do Islã, a forja do império mongol, a ascensão dos samurais, a ascensão e queda do Império Bizantino, e as intermináveis e exaustivas guerras religiosas na Europa Ocidental. Um cidadão dessa era viveu em tempos precários e de estruturação.

BELICISMO NA IDADE MÉDIA

Nós devemos primeiramente nos orientar geograficamente antes de caminhar pelos principais assuntos militares deste período. Havia muito em comum com os tempos antigos – guerras ainda eram travadas por uma combinação de soldados e cavalarias. Mas, crucialmente, a cavalaria agora se tornara de forma prática e psicológica o braço decisivo, a elite, e o peso de praticamente todos os exércitos. A ênfase tática residia primariamente nas manobras montadas das cavalarias (apesar de os cavaleiros frequentemente desmontarem para lutar), um protagonismo reforçado socialmente pelas origens normalmente privilegiadas dos cavaleiros, principalmente no oeste – este era o tempo dos cavaleiros, lutando de cima de um cavalo com lanças, espadas e brilhantes armaduras. Havia considerável diversidade nas cavalarias, principalmente de uma perspectiva global. No Oriente Médio e na Ásia Central, cavalarias tendiam a ser leves, velozes e armadas com arcos, enquanto no Oeste a cavalaria tendia ao armamento pesado e combates corpo a corpo e em espaços apertados (assumindo a ocorrência de muitas exceções nesta visão geral).

Soldados terrestres, apesar de em muitas ocasiões manejados de forma caótica ou com pouca criatividade, ainda detinham um papel crucial nas

Esta parte da Tapeçaria de Bayeux mostra a infantaria inglesa lutando contra a cavalaria normanda no século XI. O machado de batalha na frente era uma ferramenta poderosa para derrubar cavalos; em outro lugar da tapeçaria cavalos são derrubados por golpes únicos na cabeça.

guerras, inclusive nas guerras de cercos. A Idade Média foi uma era de fortificações, espalhadas geograficamente em grandes números e com crescentes capacidades defensivas, enquanto reis, nobres e líderes militares buscavam arquitetar e consolidar seu poder em territórios inquietos e fronteiras fragilizadas. Cercar essas estruturas não era apenas uma batalha de resistência, mas contava também com o emprego de engenharia de grande sofisticação, marcada pelo uso de ferramentas avançadas de cerco tais como trabucos de contrapeso e, a partir do século XIV, canhões de pólvora. No campo de batalha aberto, soldados se adaptaram firmemente à realidade do embate com cavalarias. Bestas e arcos forneciam resistência e dificuldade até mesmo contra as mais refinadas forças de cavalaria, ao mesmo tempo que eram instruídos no uso dos piques, alabardas e outras armas de haste que apresentavam barreiras quase intransponíveis para os cavaleiros. No último século da Idade Média, também testemunhamos pela primeira vez as armas de punho fazerem sua cruel entrada, tal qual a artilharia móvel de guerra. As nobrezas da época podem não ter percebido, mas essa pólvora se tornaria finalmente o instrumento decisivo da guerra.

Na guerra marítima também houve mudanças. Apesar de os galeões movidos a remo ainda dominarem a guerra naval por boa parte deste período, navegar de forma estável se tornou prioridade, primeiro com navios de mastro único, frequentemente utilizados como forças auxiliares para carregar remos, mas nos séculos XIV e XV expressaram grandes naus de três ou quatro mastros, equipadas com canhões montados em seus decks e grandes torres na frente e atrás, que serviam como plataformas para arqueiros e infantaria marítima. Com o surgimento de tais navios, o nascer do sol fumacento raiava na era das guerras navais.

A Idade Média era um tempo de constante transformação na arte da guerra. Mas muito desta transformação só viria no final deste período; uma grande parte da Era Medieval é simplesmente caracterizada pelo atrito e pela inimaginável brutalidade, pontuada por atos de disciplina, inteligência e até mesmo esplendor militar.

A EUROPA OCIDENTAL NA ALTA IDADE MÉDIA

O que historiadores chamam de "Início da Idade Média" (séculos V ao X) foi popularmente rotulado como "Idade das Trevas". Apesar deste termo ser hoje considerado uma imprecisão desajeitada, ele mesmo assim oferece uma sensação do caos e violência que permearam a Europa após o colapso do Império Romano Ocidental. Incontáveis guerras locais e regionais foram travadas enquanto monarcas, nobres, líderes militares, migrantes e saqueadores lutavam por poder e territórios. Em termos bem superficiais, no entanto, por volta do ano 600, a Europa Ocidental foi bruscamente dividida entre: os reinos Anglo-Saxões e os territórios Celtas da Bretanha; o reino dos Francos (praticamente a França moderna); uma Península Ibérica dominada pelos Visigodos; várias tribos eslavas e germânicas ao leste do Rio Reno; os Ávaros na Europa Central e Ocidental; A Itália controlada majoritariamente pelos Lombardos; e o Império Bizantino (O Império Romano Oriental) que incorporou os Balcãs, Anatólia, Palestina e muito da orla Mediterrânea. Essas entidades estavam em estado de constante fluxo, tanto conduzindo agressivas campanhas para expandir suas estruturas, quanto respondendo à constante depredação de saqueadores e invasores. No século VIII, os Francos indubitavelmente possuíam a posição de comando da Europa Ocidental, tendo estendido seu império na Gália através de uma série de vitórias sobre os Saxões, Danos, Visigodos, Ávaros, Lombardos e outros. Em seu ponto mais alto, este império incorporava a França, Alemanha, Itália, a Península Ibérica e muito dos Balcãs. Os Francos também asseguraram vitória crítica em Poitiers por volta de 732, quando Carlos Martel derrotou as forças muçulmanas lideradas por Abd al-Rahman, o governador da Espanha muçulmana.

Os Francos cumpriram este feito imperial com um exército eficaz, liderado por comandantes notórios. De todos estes líderes, o pódio histórico vai para Carlos Magno, Rei dos Francos de 768-814 e, a partir de 800, "Imperador dos Romanos", um título concedido pelo Papa Leão

A guerra de cavalaria cavalheiresca parecia nobre na arte, mas era brutal na realidade. Os cavaleiros muitas vezes encontravam seu fim quando desmontados, finalizados pela infantaria armada com punhais e martelos.

III. Um verdadeiro guerreiro monarca, Carlos Magno demonstrou consistente competência em suas campanhas contra os Lombardos, Saxões, Ávaros e Eslavos. Ao fim de seu mandato, a Armada Francesa havia se tornado amplamente composta por cavaleiros, tropas montadas lutando com lanças, lanças de cavalaria e espadas, protegidas por uma cota de malha, ou "hauberk". A infantaria consistia na eventual chegada de homens livres, aqueles ricos o suficiente para comprar armaduras e armas básicas. A principal virtude da infantaria Franca eram suas formações disciplinadas: em Poitiers, a cavalaria sobre rodas dos muçulmanos foi contida e vencida por uma numerosa infantaria em uma formação apertada e quadrangular.

SELA E ESTRIBO

Dois dos mais importantes desenvolvimentos tecnológicos na história da cavalaria bélica foram a sela e o estribo. As primeiras selas surgiram por volta de 700 a.C. na Assíria, porém, cenários onde a aparição da sela se faz sólida datam de 200 anos antes. Por volta de 200 a.C., selas de madeira maciça foram criadas. Estas inauguravam um quadro de madeira que assim como protegiam as costas do cavalo do impacto e pressão, também faziam a montaria mais confortável para o usuário. Durante a Idade Média, tais selas foram ainda mais refinadas, aprimoradas em designs rigorosamente pensados para a necessidade de um melhor suporte para cavaleiros com blindagens pesadas. Com seus altos selins e cabeças de sela, estas selas reduziram o risco de a cavalaria ser desmontada de seus cavalos durante o combate, especialmente sob o impacto de uma lança (tanto desferido quanto sofrido).

Aliado ao desenvolvimento da sela estava o desenvolvimento do estribo. Estribos são vistos primeiro na Índia no século II a.C., e se espalharam pela China e pela Ásia Central, chegando à Europa por

A armadura de malha era feita de numerosos anéis de ferro interligados, cada anel fechado por soldagem ou rebitagem. O correio era especialmente protetor contra cortes e penetrações de lâminas largas, mas oferecia menos proteção contra ferimentos de impacto pesado.

volta do século IX. Estribos não apenas forneceram uma plataforma mais estável para o combate com a lança, mas também deram ao guerreiro montado melhor equilíbrio, permitindo que ele lutasse com mais liberdade com a espada e a lança de cima do cavalo.

Os Vikings – conhecido povo da Escandinávia Medieval, rico em mitologias e contos sobre o mar – ofereceram um contraste luminoso ao exército dos Francos. Além de sofisticados exploradores e comerciantes (qualidades frequentemente ignoradas), cujas jornadas os levaram até a longínqua América do Norte e Índia, os Vikings eram saqueadores militares por cultura, caçando principalmente assentamentos nas costas, mas também fazendo profundas incursões continente adentro, dependendo das vias aquáticas. O principal instrumento de política estrangeira dos Vikings era o Drácar, uma longa embarcação movida principalmente a remos, mas que podia ser conduzida também por somente um tripulante. O Drácar era rápido e robusto, capaz de fazer jornadas pelo oceano aberto, porém com um desenho baixo, perfeito para atracar em terra ou no mar e atravessar rios rasos. A proa dupla permitia que ele pudesse atracar com a mesma velocidade que voltava ao mar, e sua estrutura era leve o bastante para, quando necessário, ser carregada por um grupo por pequenas distâncias.

Os guerreiros Vikings eram conhecidos por sua ferocidade em batalha, lutando com compromisso brutal, usando espadas de fio duplo, lanças, machados de batalha (o machado dinamarquês era capaz de cortar uma pessoa ao meio) e arcos. Ainda assim, eles exerciam a disciplina, fazendo formações de batalha com arqueiros, paredes de escudo, infantarias leves e pesadas para lutar contra inimigos mais organizados. Durante os séculos VIII e IX, em particular, os Vikings foram o terror da Europa. No começo, eles atacavam somente pela pilhagem. O saque do mosteiro de Lindisfarne, na costa nordeste da

Inglaterra em 793 é um exemplo particularmente famoso de investida Viking; que daria início à implacável campanha Viking contra os Anglo-saxões. Entretanto, com o passar do tempo, a escala dos alvos e ambições dos Vikings se tornaram cada vez maiores, e os invasores começaram a se assentar em muitas áreas. Durante o século IX, Vikings cercaram e atacaram Utrecht, a Antuérpia, Paris e a Constantinopla. Na Britânia, vikings dinamarqueses invadiram e ocuparam os reinos da Nortúmbria, Mércia e Anglia Oriental entre 865 e 890; a tentativa do rei dinamarquês Guthrum de unir Wessex em 878 foi repelida pela vitória do rei Alfredo na Batalha de Edington em maio de 878, e, depois isso a Inglaterra foi dividida entre territórios anglo-saxões e Danelaw.

O controle dos Vikings sobre a Inglaterra decaiu e fluiu durante os séculos 9 e 10, mas eles estavam se assentando em outros lugares. Destaca-se que em 911, o rei Franco Carlos III da Frância Ocidental (893-929) deu ao regente viking Rollo territórios ao norte da França, em troca da garantia de que a França seria poupada de futuros ataques Vikings. Os Vikings nestes assentamentos se tornaram os Normandos, um dos povos mais bem sucedidos em questões bélicas no período medieval. O evento que coroou os Normandos ocorreu em 14 de Outubro de 1066, quando Guilherme, o Conquistador, derrotou o exército do Rei Haroldo Godwinson (1066) na Batalha de Hasting no norte da Inglaterra. Essa vitória deixou a Inglaterra sob controle da Normandia – um controle que Guilherme exerceu com brutal eficácia, esmagando as rebeliões e resistências que surgiram.

O IMPÉRIO BIZANTINO

Apesar de o Império Romano Ocidental ter colapsado no século V, seu herdeiro imperial, o que hoje nos referimos como o Império Bizantino, se manteria firme por mil complicados anos. Sua capital, a Constantinopla (também conhecida como Bizâncio) erguia-se como um farol cultural para a Europa Ocidental. Apesar disso, o Império Bizantino se estendia pelas linhas dos territórios mais hostis em termos geográficos, políticos e religiosos, entre o ocidente cristão e o oriente islâmico e, por isto, talvez seu destino já estivesse selado.

A longevidade do Império Bizantino pode em certo nível ser atribuída a seu exército. O exército bizantino utilizou tudo que havia de melhor nas práticas militares romanas, enquanto adaptava e inovava de acordo com os tempos. Sob o comando do Imperador Justiniano (527-565), o exército era composto de cerca de 300 a 400 mil tropas, sendo que pela maior parte da história do Império seu exército era composto por cerca de 120 a 150 mil; assim como no Império Romano, este não era um número grande o suficiente para policiar o vasto e extenso Império. O exército compensava isso com seu profissionalismo e organização. Seus soldados eram recrutados por meio de um processo de alistamento militar universal, divididos em guarnições espalhadas por distritos ao redor do império (os distritos eram chamados de temas, e havia cerca de 30 no século X). A infantaria Bizantina era dividida em tropas leves e pesadas. As leves usavam jaquetas acolchoadas de couro e capacetes de aço, e carregavam dardos ou um arco-e-flecha e uma espada curta. A infantaria pesada, chamada scutari, vestia uma extensa armadura, que incluía uma veste de correntes, manoplas e grevas. A mais imponente expressão da cavalaria bizantina eram os catafractários, cavaleiros com armaduras pesadas e que lutavam com arcos, espadas largas, lanças longas, machados e adagas. Cavalarias leves forneciam cobertura, reconhecimento, eliminavam tropas isoladas e faziam a gestão dos deveres.

FOGO GREGO

Marca registrada da Bizantina, o Fogo Grego era uma intrigante fórmula incendiária do mundo medieval, produzindo o que seria o progenitor do lança-chamas moderno. A exata composição do componente combustível foi perdida na história – elementos

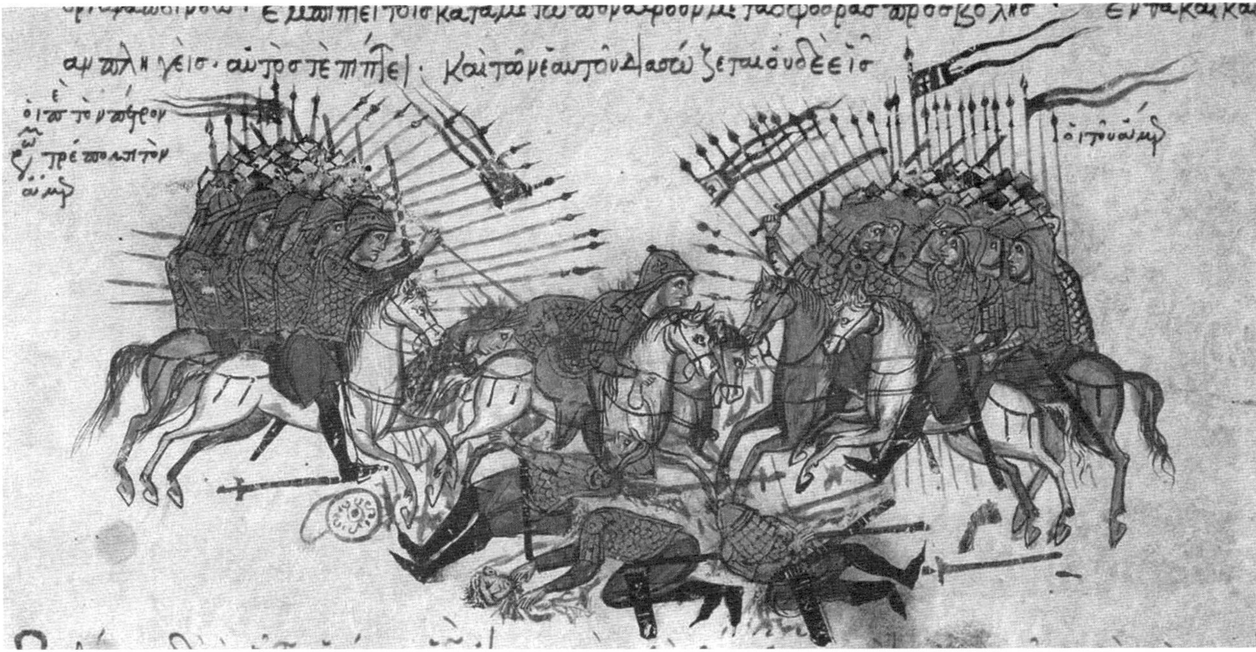

Esta obra de arte do século XIII retrata o confronto violento entre a cavalaria bizantina e árabe muçulmana na batalha de Lalakaon (3 de setembro de 863). Este envolvimento no que é hoje o norte da Turquia terminou em uma vitória bizantina.

possíveis eram a cal viva e nafta, com a resina de pinho, fosforeto de cálcio e enxofre como possíveis aditivos. O que sabemos é que ele queimava com intensidade consumidora, mesmo em contato com a água. No uso naval, ele era projetado a partir de um bocal pressurizado de metal chamado sifão, e a pressão era fornecida por um grande conjunto de foles; havia uma versão manual também, e Fogo Grego também era posto dentro de granadas de cerâmica. O sifão tinha um alcance máximo de cerca de 15 metros

No campo de batalha, o exército Bizantino normalmente posicionava seus scutari de mais alta patente no centro das formações, flanqueados ou atrás de infantarias leves, com os catafractários nos flancos externos e também posicionados como uma reserva móvel para as linhas de frente. A infantaria leve era espalhada como forças de reconhecimento. Em ação, dependendo do comandante, este exército poderia operar com um grau razoável de flexibilidade, respondendo de acordo com os desafios que o terreno e seus adversários ofereciam. Os Bizantinos também empregavam comboios de suprimentos e bagagens, o que significava que eles podiam cobrir longas distâncias em suas operações, além de possuírem ótimos sistemas de sinalização e comando. A armada também possuía sua respeitada parcela na marinha Bizantina, constituída de uma frota de galeões leves, cada um deles comportando de 200 a 300 homens (remadores guerreiros e soldados navais), mais navios de guerra pesados equipados com equipamentos de cerco a bordo (especialmente úteis para investir contra fortificações marítimas), além de disparadores de fogo grego.

Durante os séculos VI e VII, os imperadores Bizantinos usaram seus exércitos para campanhas agressivas tanto para o oeste quanto para o leste. O imperador Justiniano reclamou grandes territórios ao redor do Mediterrâneo, principalmente através de seu excepcional general Belisário, além de tomar a Itália dos Góticos. Belisário também infligiu uma grande derrota sobre os Persas, um adversário perene dos Bizantinos, na Batalha de Dara (530). Os Bizantinos fizeram bom uso de seus aliados Hunos com seus arcos e flechas para impor numerosas perdas contra a cavalaria Persa todas as vezes que eles apareciam em posição avançada. A Pérsia teve sua ascendência no fim do século VI e início do VII, mas na Batalha de 11 Horas de Nineveh (em 12 de dezembro de 627) o Imperador Heráclio (610-641) tomou uma vitória impressionante. Demonstrando que era essa a era em que reis literalmente lideravam da linha de frente, Heráclio matou pessoalmente três generais Persas em combate.

A vitória em Nineveh, impressionante como foi, não garantiu que a Constantinopla navegasse para um futuro de paz e estabilidade. Pois no distante sul, um novo inimigo surgia – um que mudaria os mapas culturais e religiosos do mundo na mesma extensão que o cristianismo.

ISLAMISMO E AS CRUZADAS

Em 610, numa caverna remota no Sul da Arábia, o profeta Maomé diz ter recebido revelações de Deus – fato este que daria nascimento à religião do Islã. Convertidos se juntaram pela sua fé, e em 622 o primeiro estado muçulmano se formou, acompanhado pela formação de novos e energéticos exércitos muçulmanos. Ao longo do próximo extraordinário século, exércitos muçulmanos, com as patentes ocupadas cada vez mais por novos crentes, construíram um império islâmico que incluía a Península Arábica, Síria, Palestina, os territórios do Império Persa, Afeganistão, Egito, maior parte do norte da África e até mesmo a Península Ibérica, com profundas incursões no que hoje é o centro da França. Eles chegaram a cercar Constantinopla em 717-718 – o Império Bizantino foi um dos mais altos obstáculos para sua expansão – com suas muralhas cercando as cidades, os talentos defensivos do Imperador Leão III, as forças das naus bizantinas, somadas aos efeitos de doenças e tempestades, no fim das contas, frearam e repeliram os esforços muçulmanos na região.

Um soldado bizantino retratado em um afresco medieval. Seu torso é protegido por uma armadura lamelar feita de pequenas placas retangulares de metal dispostas em fileiras horizontais sobre um fundo de couro cru.

A história desta expansão tem uma complexidade além da capacidade de descrição desta obra, mas existem alguns pontos chave. O primeiro é que por mais que não haja dúvida a respeito da crescente habilidade militar e confiança dos exércitos Islâmicos, seu crescimento certamente foi assistido pela exaustão de seus inimigos, principalmente dos Bizantinos e dos Persas, que estiveram caçando lentamente uns aos outros por um século. Segundo, a natureza dos exércitos Islâmicos, tanto política quanto militar, mudaram profundamente conforme os séculos passaram. A questão de quem seria o sucessor legítimo do título de Califado (os sucessores de Maomé) produziu o primeiro califado muçulmano (um Estado político e religioso do Islã) em 632: O Califado Ortodoxo (661-750), e então o Califado Abbasid (750-1258). Ela também produziu a divisão teológica entre o que se tornariam as ramificações Sunita e Xiita do Islamismo, cultivando califados rivais e criando conflitos internos dentro do Islã que restringiram sua expansão e que existem até os dias atuais.

No entanto, os primeiros exércitos islâmicos não teriam sido capazes de fazer essas impressionantes tomadas de territórios se eles não tivessem demonstrado grande talento militar. A cavalaria muçulmana leve era especialmente forte, formando flancos e rodeando para atacar com destreza e velocidade atordoante. Golpeando com lanças, espadas e arcos. A infantaria fazia ataques repetidos seguidos de retiradas para enfraquecer as forças inimigas enquanto preparavam um ataque concentrado. Tais táticas, aplicadas com absoluto fervor religioso, frequentemente deixavam oponentes tradicionais encurralados e taticamente dominados.

Ao longo do tempo, a composição das armadas islâmicas mudou de forma significativa. Conforme os regentes muçulmanos construíram seus próprios estados, uma grande porção dos combatentes passou a ser composta por guerreiros escravos turcos, recrutados em peso da Ásia Central. Estes eram excelentes soldados, notórios pela pontaria com arco e flecha mesmo montados em cavalos e pela ferocidade em combates corpo-a-corpo. Durante o século X e XI, a presença turca no Islã cresceu até se tornar uma presença imperial e dominante, primeiro com os Turcos Ghazni e então com os Turcos Seljuk, que comandaram grandes expansões territoriais na Ásia Central e no Oriente Médio do século XI ao XIV. Apesar de nos referirmos a este Império como "Islâmico", nós não pensamos nele como uma entidade monolítica; ela era tão diversa e fraturada quanto o mundo cristão.

Em 1071, o Imperador da Bizantina Romanus IV Diógenes (1068-1071) liderou um exército contra os turcos Seljuk, que haviam atacado territórios bizantinos na Armênia e Anatólia. Em Manzikert (atual Manziquerta, na Armênia), as forças turcas sob liderança do criativo comandante Alp Arslan, encurralaram completamente os Bizantinos. Esta derrota levaria ao que hoje nos referimos como as Cruzadas, dois séculos de guerra dos cristãos contra o Império Islâmico.

As Cruzadas começaram no início de 1095, quando o Papa Urbano II, respondendo ao pedido de ajuda do imperador Bizantino Alexios I Komnenos (1081-1118), convocou os cavaleiros da Cristandade para participar de uma peregrinação militar para a terra sagrada. O objetivo final era retomar o território e a cidade sagrada de Jerusalém dos muçulmanos, que, a este ponto, já tinham controle do território havia 400 anos. A nobreza da Europa e milhares de soldados responderam ao chamado, tentados tanto pelos potenciais ganhos materiais quanto pela indulgência religiosa (perdão dos pecados) prometida pela Igreja aos que embarcaram na campanha.

O número exato de Cruzadas e o período em que aconteceram estão abertos ao debate histórico. Convenciona-se que tenha havido nove cruzadas entre 1095 e 1291, mas se incluirmos o contexto mais amplo das Cruzadas – particularmente ações contra povos pagãos no extremo norte da Europa e conflitos com os otomanos – então alguns veem atividades de cruzadas acontecendo até o século XVI. A Primeira Cruzada (1095-1099) foi sem dúvida a campanha mais alinhada com os objetivos religiosos e territoriais abrangentes das Cruzadas em geral. Após uma árdua e angustiante jornada terrestre de 4.000 km da Europa ao Oriente Médio, que quase terminou em desastre sob os ataques dos turcos seljúcidas na Anatólia (esta parte da jornada seria um perigo perene para futuros cruzados), os europeus finalmente recuperaram Antioquia e Jerusalém.

Este triunfo lançou as bases para o estabelecimento dos "Estados Cruzados" no Levante – o Reino de Jerusalém, o Principado de Antioquia, o Condado de Trípoli e o Condado de Edessa. As oito cruzadas subsequentes, lançadas para fazer novas incursões contra os muçulmanos ou para recuperar territórios arrebatados pelos contra-ataques islâmicos, perderam cada vez mais sua orientação moral e política. Na infame Quarta Cruzada (1202-1204), por exemplo, o exército cruzado não somente capturou e saqueou a cidade cristã húngara de Zara em 1202, como um pagamento pela invasão de Veneza, como também sitiou e saqueou a Constantinopla em 1203-1204, desencadeando um massacre horrível como consequência.

De volta à Europa, o lançamento de cruzadas era muitas vezes acompanhado por desvios cruéis para assassinar judeus locais, como um aquecimento grotesco. A manobra política também significou que os Estados da Cruzada lutaram entre si, assim como os Estados muçulmanos, e muçulmanos e cristãos também formaram alianças oportunistas contra inimigos comuns. Progressivamente, os cruzados deixaram de dominar o Oriente Médio, e em 1291, com a destruição de Acre pelos mamelucos turcos, os cristãos perderam seu último ponto de apoio na Terra Santa. Em equilíbrio, no entanto, entre o século XI e o século XV, a "Reconquista" viu os governantes muçulmanos da Península Ibérica progressivamente espremidos pela expansão cristã, Granada caindo após um cerco de oito meses no dia de Ano Novo de 1492.

OS MONGÓIS

Hoje, talvez seja difícil avaliar o impacto dos mongóis não apenas nos territórios onde se originaram – atual leste da Mongólia e Manchúria

Um exército de cerco mongol sob o comando de Hülagü Khan sitia Bagdá em 1258. Observe a máquina de cerco em forma de trabuco no centro-direita; os mongóis também usaram torres de cerco. Bagdá se rendeu após quase um mês de cerco, e os habitantes da cidade foram posteriormente massacrados.

– mas também em grande parte do mundo durante o século XIII. Resumidamente, as conquistas militares mongóis criaram o maior império terrestre contíguo da história, que se estendeu da Coreia até a Europa Oriental, com invasões na Áustria.

O exército mongol, em si, não era particularmente grande – talvez cerca de 105.000 homens no início do século XIII. Foi logicamente dividido em unidades de esquadrões de dez homens (arvan), companhias de 100 homens (zuun), batalhões de 1.000 homens (mingguan) e divisões de 10.000 homens (tumens), além de uma guarda imperial considerável para o khan (governante) e generais superiores. A escala do exército, no entanto, foi reforçada pela aquisição de aliados, especialmente guerreiros turcos, árabes e chineses.

Os governantes mongóis tendiam a dar uma opção simples à medida que avançavam em um novo território: resistir e ser esmagado impiedosamente, ou se ajoelhar e ser poupado. O exército mongol era quase que inteiramente montado, lutando da sela com arcos compostos, machados, lanças e sabres curvos. Na batalha, a cavalaria usaria tanto a psicologia quanto a tática para ganhar o campo; eles eram particularmente conhecidos por retiradas fingidas para romper as fileiras inimigas. Vemos isso na Batalha de Liegnitz (sudoeste da Polônia) em 9 de abril de 1241. Nesta batalha, os mongóis pareciam recuar diante de um empurrão da cavalaria alemã, polonesa e teutônica, apenas para voltar atrás, cercar e destruir a carga. Em termos de capacidade operacional, ser um exército montado significava que os mongóis podiam fazer campanhas em distâncias extremamente longas, até porque viviam quase inteiramente da terra por onde viajavam e saqueavam.

No início de suas conquistas, os mongóis naturalmente não eram um exército talentoso na guerra de cerco. Reconhecendo esse déficit, no entanto, eles logo adquiriram as habilidades e tecnologias correspondentes às dos chineses; engenheiros de cerco chineses chegaram a acompanhar os mongóis em campanha. Consequentemente, os mongóis tornaram--se capazes de derrubar até a mais desafiadora das fortalezas. Em janeiro-fevereiro de 1258, por exemplo, Hulagu, o khan mongol da Pérsia (o Império Mongol foi dividido em canatos distintos) destruiu um exército abássida fora de Bagdá e então começou a sitiar e tomar a própria cidade, quebrando brechas nas muralhas com enormes catapultas. Quando a cidade se rendeu em 10 de fevereiro, foi caracteristicamente submetida aos níveis mais extremos de massacre e tortura; diz-se que Hulagu abandonou a cidade porque não suportava mais o fedor de cadáveres em decomposição.

Os mongóis se beneficiaram de líderes brilhantes e implacáveis. De suprema infâmia é Gengis Khan (1206-1227), conhecido tanto por suas conquistas quanto por seu apetite por sangue. Gengis conquistou grandes áreas da Ásia e do norte da China, e seu ímpeto ofensivo continuou sob seu filho Ögedei (1229-1241), que levou os mongóis para a Europa Oriental e o mediterrâneo, e seu neto Kublai Khan (1260-1294), que avançou para a China. Outro grande nome no panteão mongol de líderes é Timur (1370-1405), um turco uzbeque que reivindicou a descendência de Gengis Khan e que fez ampla campanha na Pérsia, Índia, Síria e Anatólia. Como seus antepassados, Timur era capaz de uma crueldade assustadora. Após a revolta da cidade de Isfahan em 1387, ele instruiu seu exército de 70.000 homens a ir à cidade e trazer de volta uma cabeça humana cada; as cabeças foram usadas para criar uma pirâmide. Timur era, no entanto, um comandante militar diligente e escrupuloso, que liderava de frente e tinha um interesse especial na logística, a marca de todo comandante judicioso.

Por fim, o tempo desgastou o Império Mongol. Dividido em canatos separados, seu poder e coesão foram reduzidos, embora o último dos canatos não tenha desaparecido até o século XVII.

CHINA

Como indica o relato dos mongóis, a história militar da China durante a Idade Média estava intimamente ligada à dos vizinhos agressivos. Mas a própria China, entre as civilizações mais avançadas da Terra nessa época, também tinha seu próprio foco expedicionário. Durante o século VII, o exército da dinastia Tang lutou em campanhas distantes e prolongadas no Tibete e na Ásia Central, auxiliado pela introdução do serviço de longo prazo pelo imperador Xuanzong (712-756), em oposição a substituir soldados recrutados a cada três anos.

Em 742, o exército contava com cerca de 500.000 homens. O Tang também investiu pesadamente na marinha, construindo um espectro de navios de combate para uso em combate em águas abertas e no litoral.

A dinastia Tang enfraqueceu progressivamente nos séculos IX e X, e foi substituída pela dinastia Song em 960, que em seu auge tinha cerca de 1 milhão de homens em armas. Embora a suspeita de generais pelo Império tenha severamente enfraquecido a eficiência do comando Song, esta era (a dinastia durou até 1279) foi em geral uma época em que a ciência e a tecnologia militares foram encorajadas. Os designs das bestas foram melhorados para aumentar o alcance e a penetração; armas de pólvora – das quais os chineses foram pioneiros históricos – foram desenvolvidas, incluindo foguetes, granadas e "lanças de fogo" (uma arma de mão parecida com um cruzamento entre um lança-chamas e uma espingarda); as táticas anticavalaria foram melhoradas; e grandes navios de transporte de tropas foram produzidos. Apesar do tamanho do exército e das armas nele contidas, a dinastia Song não pôde evitar seu eventual colapso sob as expansões de rivais chineses internos e o trovão dos cascos mongóis.

JAPÃO

Para o Japão, a Idade Média viu o samurai entrar em cena. Samurai é um termo do século X, inicialmente aplicado a guerreiros que prestavam serviço de guarda na capital imperial, Kyoto. Com o tempo e a mudança, no entanto, o samurai passou a ser a elite da sociedade marcial japonesa, lutadores de alto status que serviam à nobreza, status esse assegurado não apenas por habilidades militares, mas também, finalmente, por herança.

O samurai ganhou notoriedade durante um período turbulento na história política e social japonesa. A linha imperial do Japão foi estabelecida no século VII pelos governantes Yamato, mas o Japão permaneceu um país de clãs rivais e manobras políticas. Dois clãs em particular – os Taira e os Minamoto – entraram em conflito no século XII devido à sucessão imperial e influência na corte. Os Taira foram vitoriosos na Rebelião Heiji de 1159-1160, mas na Guerra Gempei subsequente (1180-1185), os Minamoto triunfaram. Seu líder, Minamoto no Yoritomo, estabeleceu-se em 1192 na nova posição hereditária de xogum, essencialmente uma ditadura militar cujo poder de fato eclipsou o do imperador. Essa posição permaneceria até o século XIX, e as lutas para controlar ou se rebelar contra o xogunato definiriam grande parte da história dos samurais japoneses, assim como as tensões perenes entre os clãs facciosos do Japão. Durante o século XIII, no entanto, a ameaça mais urgente era externa, na forma dos saqueadores mongóis. Kublai Khan tentaria duas invasões do continente japonês, em 1274 e 1281. A primeira foi mais um reconhecimento do que uma ocupação intencionada, e pôs em choque duas formas completamente distintas de se fazer guerra. O estilo de combate samurai foi influenciado por códigos de comportamento éticos e estéticos mais amplos, conhecidos como kyuba no michi (o caminho do cavalo e do arco), mas posteriormente referido como bushido (o caminho do guerreiro), embora este último seja mais uma invenção do século XIX. O guerreiro samurai deveria viver uma vida de autocontrole, austeridade, simplicidade e humildade, embora equilibrada com altos níveis de habilidade marcial e ferocidade controlada no campo de batalha. A guerra samurai tinha um aspecto ritualístico. Vestidos com a elaborada, ainda que quadrada, armadura ō-yoroi, os samurais deste período eram principalmente arqueiros montados, lutando com a madeira e bambu yumi (arco), mas também com o yari (lança) e a naginata, uma arma de haste de lâmina longa. Eles também, notoriamente, foram expoentes de algumas das melhores espadas produzidas na história, usadas em um par (daisho) que consistia na longa espada de combate padrão, a catana, e a arma de apoio mais curta, a wakizashi, ambas afiadas e com longas arestas de corte. O wakizashi, ou o punhal mais curto, também era usado para definir as práticas de samurai, seppuku, ou suicídio ritual, que muitas vezes envolvia enfiar a lâmina na própria barriga e fazer um forte corte longitudinal.

Quando os exércitos de samurais se encontravam no campo de batalha, os samurais líderes frequentemente desmontavam, trocando flechas em um intenso tiroteio antes de se aproximarem da batalha de curta distância, onde demonstravam suas habilidades com lança, arma de haste e espada. Também pode haver um elemento ritualístico na batalha samurai, propondo desafios e procurando indivíduos à altura para combate individual.

Embora os exércitos samurais estivessem certamente abertos ao uso de subterfúgios, desorientação, emboscadas e manobras, grande parte de sua guerra era ditada pelo costume e pela prática aceita.

Voltando às invasões mongóis, portanto, as tropas japonesas que os enfrentaram na baía de Hakata ficaram perturbadas com a energia caótica do ataque mongol, com seus arqueiros, cavalaria e bombas de pólvora primitivas, e foram forçados a recuar diante dos mongóis e se retirar. Em 1281, portanto, os japoneses fortificaram proporcionalmente a baía de Hakata, quando enfrentaram cerca de 150.000 invasores mongóis, navegando em duas grandes frotas. Os defensores impediram a primeira das frotas com determinação, mas então a natureza interveio em favor do Japão: um tufão estrondoso destruiu os navios dos mongóis, forçando os sobreviventes a voltar para casa. Essa tempestade ficou conhecida como kamikaze (vento divino), algo que viria a ter uma ressonância muito diferente durante o século XX. A derrota dos mongóis trouxe alguma paz ao Japão, embora não por muito tempo. Em 1331, o imperador japonês, Go-Daigo, iniciou uma revolta contra os xoguns Hojo, apoiados pelo competente general Kusunoki Masashige. As consequentes Guerras do Nanbokucho (Período das Cortes do Sul e do Norte) resultaram em duas reivindicações ao trono imperial, e na morte de Kusunoki na épica Batalha

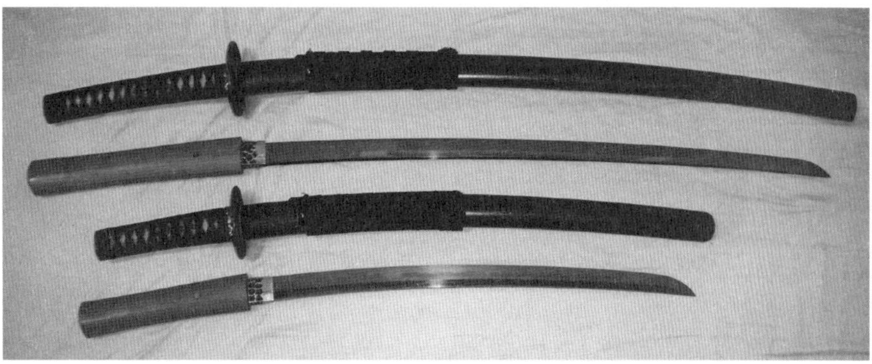

Uma catana samurai medieval (a mais longa das lâminas) e espadas wakizashi. O guerreiro samurai normalmente usaria ambas as lâminas em um par correspondente, conhecido como daisho.

A armadura corporal Samurai ō-yoroi foi um dos tipos de armadura mais elaborados da história. Grande parte da armadura era de construção lamelar, as placas amarradas por tiras de couro, pele de veado ou seda colorida.

de Minatogawa em 5 de julho de 1336; ele cometeu seppuku quando sua resistência às forças do clã Ashikaga se tornou inútil. Os Ashikaga surfaram na onda da vitória e se tornaram os xoguns pelos próximos dois séculos, mas a Guerra Onin de 1467-1477, essencialmente uma guerra civil desencadeada pela sucessão do xogunato, por sua vez, levou ao Sengoku Jidai (Período dos Estados Combatentes), uma série de intermináveis conflitos interestaduais e entre clãs que durariam mais de um século. O samurai seria muito requisitado.

A EUROPA DIVIDIDA E A REVOLUÇÃO NA GUERRA

Completamos nossa análise da guerra na Idade Média voltando nosso foco para a Europa Ocidental, em particular o período entre os séculos XII e XV. A complexidade deste período do ponto de vista histórico é profunda. A existência da Europa sob o guarda-chuva do cristianismo, ostensivamente uma religião de paz, perdão e contenção, pouco fez para evitar que o continente fosse mergulhado em conflitos contínuos, entre estados, entre a Igreja e o estado, entre ramos opostos do cristianismo, entre monarcas briguentos e nobres – mal houve um momento em que a Europa pudesse respirar um pouco de paz. Foi também uma época de profunda mudança em termos de guerra, particularmente liderada pela Inglaterra e França, mas com papéis fundamentais desempenhados pela Espanha, Itália, Suíça e outros.

O grande número de guerras europeias travadas durante este período impede qualquer análise detalhada de cada uma, mas podemos apontar para dois motivos principais que impulsionaram o conflito. O primeiro foi o choque de autoridade entre o papado católico, os reis franceses e os imperadores alemães do Sacro Império Romano-Germânico, resultando em discordâncias que produziram guerras civis e conflitos internacionais. Por exemplo, o Sacro Imperador Romano Hohenstaufen Frederico I (1155–1190), também conhecido como Frederico "Barbarossa" ("Barba Ruiva" em italiano), empreendeu várias campanhas na Itália entre 1154 e 1174 em desafio ao poder papal e à autoridade de as cidades-estados italianas, resistidas desde 1167 pela Liga Lombarda. Frederico era um general competente e tinha talento especial na guerra de cerco. Por exemplo, durante o cerco de Crema, que decorreu de julho de 1159 a fevereiro de 1160, ele progressivamente derrubou as defesas com catapultas, aríetes e minas; uma de suas torres de cerco tinha 32m de altura, com seis andares, e exigia 500 homens para empurrá-la até as ameias. A rendição veio pela fome, e Crema acabou sendo incendiada. Mas as ambições de Frederico na Itália foram finalmente anuladas na Batalha de Legnano em 29 de maio de 1176, quando sua cavalaria foi quebrada contra a resistência determinada de um exército de cidadãos milaneses, e Frederico precisou fugir do campo de batalha enquanto a maior parte de seu exército foi destruída. Frederico passou a desviar suas atenções para as Cruzadas e se afogou em um rio turco em 1189.

O conflito mais duradouro do final da Idade Média é o que chamamos de Guerra dos Cem Anos – na verdade, uma série de guerras travadas entre a Inglaterra e a França entre 1337 e 1453 pelas reivindicações inglesas ao trono francês. A própria Inglaterra havia travado muitas guerras internas antes que Eduardo III partisse com sua frota de invasão em 22 de junho de 1340, incluindo a Primeira Guerra dos Barões (1215-1217) e a Segunda Guerra dos Barões (1264-1267), bem como grandes rebeliões na Escócia e no País de Gales. A Guerra dos Cem Anos inicialmente viu a Inglaterra alcançar vitórias que ainda aparecem em livros didáticos tradicionais até hoje – a Batalha naval de Sluys (24 de junho de 1340) e as ações terrestres em Crécy (26 de agosto de 1346), Poitiers (19 de setembro de 1356) e, a mais famosa, em Agincourt (25 de outubro de 1415), onde cerca de 6.000 soldados de infantaria ingleses e galeses de Henrique V derrotaram de 20.000 a 30.000 tropas inimigas, incluindo a nata dos cavaleiros da França. No entanto, essas vitórias inglesas foram apenas marcos em um longo caminho para a derrota e, por fim, a Inglaterra perdeu todas as reivindicações ao trono francês. Para agravar a derrota, a Guerra dos Cem Anos contribuiu para a Guerra das Rosas, uma guerra civil de sucessão real que arruinou a Grã-Bretanha entre 1455 e 1487.

Durante grande parte do período entre 1100 e 1500, foi o cavaleiro europeu que ocupou o posto mais elevado dentro dos exércitos. Os cavaleiros eram uma elite de cavalaria blindada, muitas vezes identificada com a nobreza, embora, na verdade, muitos cavaleiros tivessem "subido das fileiras", passando por longos aprendizados como pajens e escudeiros em casas de cavaleiros até terem idade suficiente para receber a honra de cavaleiro. Os títulos de cavaleiros no campo de batalha também podem ser conferidos a indivíduos que acabaram de mostrar bravura em ação. Mais tarde no período, no entanto, a cavalaria adquiriu um aspecto mais hereditário, além de ser infundida com noções literárias românticas de cavalaria, apresentando o cavaleiro como uma forma de guerreiro sagrado, nobre no comportamento e feroz na batalha.

Os cavaleiros eram facilmente reconhecíveis por seu armamento fino, armadura igualmente fina – que no final da Idade Média havia assumido a forma de armadura totalmente articulada – cavalos bonitos e comitiva pessoal. Tudo isso, é claro, era extremamente caro; muitos tentavam, na maioria das vezes sem sucesso, evitar a cavalaria e os custos que ela traria, com os quais eles tinham que arcar sozinhos. (Observe que um cavaleiro blindado pode não ter sido necessariamente um cavaleiro; esses indivíduos eram conhecidos como "homens de armas".) No século XIV, no entanto, os cavaleiros eram cada vez mais pagos pelos cofres do estado por seus serviços, o que fornecia uma solução parcial para os problemas de recrutamento.

O cavaleiro era tipicamente um guerreiro altamente treinado, bem versado na teoria e na prática da guerra, e testado em combates no campo de batalha ou em competições divertidas e brutais travadas em torneios marciais. Suas principais ferramentas de guerra eram longas espadas de dois gumes, martelos de guerra cravados, maças e lanças de madeira; ele lutava tanto montado quanto desmontado, sendo a lança a única arma para uso puramente montado.

O cavaleiro não era apenas uma representação de uma elite guerreira, mas também era emblemático da hierarquia ordenada divinamente, a "cadeia do ser" que ia do rei ou rainha no ápice até os plebeus mais baixos na base. Uma representação visível dessa hierarquia foram também os poderosos castelos de pedra que se espalharam pela Europa, especialmente após a conquista da Inglaterra por Guilherme, o Conquistador, em 1066. No entanto, no final do período medieval, uma série de mudanças militares tiveram início, e estas primeiramente viriam a questionar e depois a minar profundamente a confiança desta ordem social. Muitas dessas mudanças ocorreram plenamente no período da Renascença, que examinaremos no próximo capítulo. Aqui, portanto, vamos traçar brevemente as principais mudanças nas manchetes:

A ASCENSÃO DA INFANTARIA

Até o século XIV, a cavalaria tinha sido o componente dominante dos exércitos por mais de um milênio, mas em 1300 e 1400 a infantaria começou seu longo retorno à autoridade. Novas armas, particularmente a besta europeia, o arco longo inglês e as primeiras armas de fogo e artilharia de pólvora, significavam que mesmo as armaduras de placas não eram mais proteção segura contra armamento de mísseis. Armas de fogo e bestas tinham um significado particular; elas não precisavam do treinamento da adolescência exigido para usar um arco longo corretamente, com a implicação de que um plebeu com pouco talento guerreiro agora era perfeitamente capaz de matar um cavaleiro com gerações de tradição marcial e experiência em seus ombros blindados. Além disso, algumas nações começaram a inovar em formações de infantaria mais eficazes. O general tcheco Jan Žižka, líder dos hussitas, foi pioneiro no uso de vagões e carroças blindadas de suprimentos, formando-os em um laager defensivo quase impenetrável quando atacado, com infantaria e artilharia disparando dos vagões e nos espaços entre eles. Os suíços retornaram aos antigos princípios da falange compacta, equipando suas tropas com lanças de 6,4m e treinando-as para se mover em uma legião rápida e agressiva a qual poucos oponentes poderiam resistir por muito tempo. Além disso, os reis tomavam cada vez mais medidas para desenvolver exércitos adequados permanentes, financiados principalmente pelos cofres reais, para libertá-los das limitações dos impostos feudais e do comportamento imprevisível dos mercenários. Essas novas forças marcaram o verdadeiro início dos exércitos profissionais.

FORTIFICAÇÕES E CERCOS

Os cercos eram comuns nas guerras medievais, e assim se manteriam nos próximos séculos. O desafio para os exércitos sitiantes era que as fortificações medievais se tornavam cada vez mais fortes e sofisticadas ao longo da Idade Média. No século X, o castelo típico era o castelo de mota, constituído por uma alta torre de menagem de madeira ou pedra situada em um terreno elevado (a mota), fronteado ou rodeado por um terreno cercado, o pátio. Em 1500, os castelos eram bastiões muito mais impressionantes, com duas ou mais cortinas concêntricas pontuadas por torres em intervalos regulares, para garantir que nenhuma parte da muralha ficasse escondida do fogo defensivo; os portões eram ladeados por barbacãs e torres, e muitas vezes eram acessíveis apenas por ponte levadiça. Água, fossos e valas forneciam defesas externas, e muitos castelos estavam localizados em características geográficas inacessíveis (especialmente na Grã-Bretanha), para causar mais complicações para um exército sitiante. Adicione o poder de fogo dos defensores, que podem incluir suas próprias máquinas de cerco e, depois, artilharia de canhão, e o castelo medieval foi um obstáculo muito firme.

ARCO LONGO

O arco longo inglês foi o instrumento fundamental da vitória em batalhas como Crécy, Poitiers e Agincourt, e, por um tempo, os exércitos da Europa não tiveram nada superior. O arco longo tinha 167-200cm de comprimento, variando de acordo com a altura do arqueiro,

e era feito de uma única peça de madeira, sendo a mais desejável teixo, com olmo, carvalho, freixo, nogueira, avelã e bordo como alternativas. Os arcos longos tinham peso de tração exato de até 68kg, que levavam muitos anos para dominar, de forma que os arqueiros começavam a treinar na juventude. (Os esqueletos dos arqueiros medievais muitas vezes podem ser identificados por deformidades ósseas, principalmente relacionadas às vértebras, ombros e braço esquerdo.) Mas o resultado foi uma arma que tinha alcance efetivo de até 320m e que, ao disparar flechas de ponta de bodkin, podiam perfurar armaduras de malha e, dependendo de muitas variáveis, algumas armaduras de placas. Disparadas aos milhares, essas flechas causaram estragos na infantaria e cavalaria inimigas.

Firme, mas não invencível. As máquinas de cerco eram em grande parte as torres, aríetes, catapultas, garras e outros instrumentos dos tempos antigos, mas seu poder agora atingia sua expressão máxima. No século XII, apareceu o trabuco de contrapeso, que, em suas variedades mais poderosas, era capaz de arremessar uma bola de pedra de 100kg a cerca de 200m. No século XV, os canhões de pólvora começaram a representar uma nova ameaça às muralhas da fortificação, que acabaria por garantir o desaparecimento do castelo. No cerco de Constantinopla em 1453, por exemplo (veja ao lado), o exército sitiante do sultão Mehmet II teve várias bombardas poderosas, a maior das quais disparou bolas de pedra pesando mais de 500 kg. Esses instrumentos de quebrar paredes significavam que mesmo as defesas mais fortes não eram mais invulneráveis.

PÓLVORA

O advento do armamento de pólvora foi uma mudança tectônica na história da guerra. Supõe-se que a pólvora tenha sido inventada por volta do século IX na China, um país que utilizou todos os tipos de armas de

Os handgunners medievais eram impressionantemente desajeitados e imprecisos. Aqui, o soldado segura a coronha sob a axila enquanto aplica um fogo lento fumegante no orifício de ventilação.

pólvora, incluindo foguetes e granadas. Este material combustível chegou à Europa no século XIII, e foi inicialmente aplicado a peças de artilharia toscas, em forma de vaso, fundidas em ferro ou bronze e disparando flechas ou bolas de pedra desajeitadas. Melhorias constantes levaram a "bombardas" de ferro de aparência mais convencional disparando bolas de ferro ou pedra, montadas em estruturas fixas de madeira ou colocadas para disparar em montes de terra. Essas armas, principalmente de carregamento pela boca (embora houvesse algumas variedades de carregamento pela culatra), eram imprevisíveis e imprecisas, principalmente por causa da má qualidade da pólvora inicial. A pólvora e, portanto, o desempenho do canhão, foi drasticamente melhorado no final do século XIV pelo processo de "corning", formando grãos consistentes, cada grão contendo o volume certo de elementos constituintes. No final da Idade Média, a artilharia não estava apenas se tornando a principal arma de cerco, mas, quando montada em carruagens leves, também introduziu a era da artilharia de campo.

Armas pequenas (armas de fogo de infantaria) eram uma derivação da artilharia, apenas reduzidas para uso portátil. As primeiras armas de fogo eram basicamente nada mais do que tubos de ferro perfurados com um cano e orifício de ventilação, às vezes amarrados a um cabo de madeira para controle rudimentar (o cabo era mantido sob a axila). O carregamento e o disparo eram manobras extremamente desajeitadas, e o tiro resultante tinha a sorte de acertar menos de 30m. Mas as melhorias vieram. Gradualmente, os canos adquiriram coronhas de pleno direito, projetadas para serem seguradas no ombro, e o mecanismo "serpentino" deu eficiência mecânica ao ato de aplicar um fósforo aceso à força da arma na panela; agora que ele tinha um gatilho e uma coronha, o soldado de infantaria poderia dedicar mais de seus esforços à mira precisa. Esses primeiros mosquetes, conhecidos por vários nomes (arcabuz francês é um dos mais comuns), deram início à era das armas de fogo de infantaria padronizadas, embora levasse pelo menos um século para que as armas de fogo oferecessem superioridade genuína sobre bestas e arcos.

Em 29 de maio de 1453, a grande capital bizantina de Constantinopla caiu nas mãos dos turcos otomanos do sultão Mehmet II, após uma ação de cerco exaustivamente violenta. Foi realmente o fim de uma das eras definidoras da história. Agora se foram os últimos vestígios da estrutura imperial romana que foram estabelecidas no tempo de Augusto, e o islamismo, não o cristianismo, estabeleceu um ponto de apoio permanente nos Balcãs. Na era seguinte, o que hoje chamamos de início do período moderno, o mundo viu alguns dos maiores saltos culturais, científicos e artísticos desde o início dos tempos. Infelizmente para a humanidade, a mesma invenção diligente seria aplicada à prática da guerra.

CAPÍTULO 3
GUERRA NO INÍCIO DO MUNDO MODERNO

O período entre 1500 e 1750 foi definitivamente lapidante na história militar. Tanto em tecnologia quanto em tática de guerra, a era marca o limite entre os tempos medievais e modernos, lançando as bases para as práticas, teorias e estruturas militares que existem até os dias de hoje.

Poucos períodos na cronologia da guerra correspondem aos séculos XVI a meados do século XVIII por pura complexidade histórica. Esta era de dois séculos e meio, que abarca o que conhecemos como Renascimento no ocidente, foi uma era na qual credos, impérios e dinastias trovejaram em um rufar quase incessante de conflito por causas que parecem sem fundamento aos olhos do pensamento moderno. No entanto, assim como em muitos períodos prolongados de conflito, a guerra era o combustível para inovações de forma contínua, concentradas nas mãos de visionários, comandantes e inventores. E que invenções, diga-se de passagem. Cada aspecto da guerra vivenciou uma variedade de revoluções, grandes e pequenas – táticas de infantaria, a formação, tamanho e estrutura de exércitos permanentes, armas de infantaria, artilharia, o papel e a diversificação da cavalaria, fortificações e embarcações de cerco, a mudança para navios de guerra movidos a vela, o alcance internacional da guerra. Um novo passo à frente foi dado na evolução da guerra.

UM CAMPO DE BATALHA TRANSFORMADO

No capítulo anterior, armas de fogo e artilharia de pólvora tiveram sua primeira aparição nos campos de batalha mundiais, trazendo inquietude a séculos de hierarquia social e marcial. No que diz respeito à artilharia, o canhão do início do século XVI ainda possuía limitações profundas – era pesado e difícil de mover (um canhão pesado padrão precisava de até 23 cavalos para puxar sua carruagem), e na tentativa de encontrar o equilíbrio perfeito entre peso, mobilidade e campo de tiro, os números de tipos e calibres se multiplicou excessivamente, tornando a demanda e a manufatura da munição problemática. A partir da metade do século XVI, entretanto, líderes à frente de seu tempo como o Imperador Carlos V e Henrique II da França começaram a padronizar a manufatura da artilharia em um número manejável de tipos específicos, que variavam de colubrinas longas que realizavam tiros de longo alcance em uma trajetória relativamente plana a morteiros pequenos e curtos, mas grossos para arremessar projéteis em arcos altos a alcances relativamente curtos (ideais para ações de cerco).

Em contribuição a esta padronização, no século XVII, a artilharia começou a alcançar a promessa que havia pressagiado. Gustavus Adolphus, o Rei da Suécia de 1611 a 1632 foi, como veremos, um dos inovadores militares mais compreensivos de sua época, transformando a prática militar em quase todos os aspectos. Adolphus reduziu a artilharia a três tipos de calibres práticos – 24 pdr, 12 pdr e 3 pdr (caracterizando o peso do tiro redondo) – otimizando, portanto, a manufatura da artilharia, assim como também aprimorou o design de canos e pólvora para tornar o armamento mais leve (e, consequentemente, mais móvel) sem diminuir sua força.

A experimentação prosseguiu ao longo dos séculos XVII e XVIII para encontrar o espectro correto de calibres padronizados para uso em batalha, enquanto carruagens eram altamente aprimoradas, com tipos de duas rodas compostos por rodas leves e raiadas e uma suspensão estável, tornando o canhão muito mais transportável dentro do campo de batalha.

Armas de fogo da infantaria também passaram repetidamente por aprimoramentos em design e funcionalidade. Durante a segunda metade do século XVI, o mosquete foi introduzido. Esta arma, que inicialmente possuía uma trava na qual era colocada um cordão para acender a pólvora, mais pesada do que o arcabuz, possuía alcance maior e maior penetração de armaduras, apesar de sua lenta recarga e sua longa e pesada fronte que tinha que ser apoiada em um suporte bifurcado enquanto era operada. Apesar disso, o mosquete gradualmente tomou o lugar do arcabuz ao final do século.

O que ainda se fazia necessário, no entanto, era um mecanismo de tiro mais rápido e eficiente, para aumentar os períodos de carregamento e, portanto, a chance de acerto. O mecanismo de travamento foi desenvolvido por volta de 1500. Costumava ser uma roda de aço com mola que, quando liberada ao puxar o gatilho, girava contra um pedaço de pirita, fazendo com que as faíscas causassem ignição com indução de panela e atirasse. A grande vantagem do travamento era que ele poderia ser carregado e deixado em prontidão para ser utilizado posteriormente (não era possível

Uma pistola de trava impressionantemente ornamentada feita para Maximiliano I da Baviera (1597–1623). Travas eram caros instrumentos de guerra e foram em grande parte encontradas apenas nas mãos da elite e cavalaria afluente.

Um mosquete militar britânico Short Land Pattern, uma das muitas variedades de Land PatternMusket conhecidas coletivamente como o "Brown Bess". Foi uma das armas pequenas definidoras dos séculos XVIII e XIX, usada em todo o Império Britânico e América do Norte.

esconder um mosquete fumegante em seu bolso). Era principalmente utilizado em pistolas de cavalaria, armas de uma só mão que tropas a cavalo poderiam utilizar convenientemente de cima ao montar. No entanto, sua manufatura era extremamente custosa para grandes exércitos, e, portanto, houve a tendência a ser uma arma de elite.

O grande salto para frente veio com a invenção da fechadura snaphance nos anos 1560. Costumava ser um pedaço de pedra, presa às garras de um martelo que era acionado por mola e ativado por gatilho para gerar as faíscas da ignição quando caía um pedaço de aço acima da bandeja. O snaphance nos levou à pederneira, um aprimoramento do início dos anos 1600, um mecanismo de tiro que era relativamente simples (portanto ideal para manufatura em massa de armas padronizadas), confiável (pelo menos segundo os padrões daquele tempo) e poderia ser utilizada até mesmo pelo soldado de infantaria mais humilde. A proporção de tiros melhorou a ponto de serem executadas quatro rodadas por minuto, algo que recebeu auxílio da introdução de cartuchos que continham pólvora medida previamente, bola e chumaço em uma unidade conveniente (isso foi possivelmente outra invenção de Gustavus), e também pela vareta de ferro dupla inventada pelos Prússios em 1718, que era mais rápida e durável do que a vareta de madeira de uma só ponta usada anteriormente. Os mosquetes também foram aliviados de 5 kg de peso, removendo assim a necessidade do apoio dianteiro, e também receberam armas de infantaria portáteis apropriadas.

Outro avanço no design de armas de fogo foi a baioneta. Ao encaixar a baioneta em seu armamento, o soldado de infantaria poderia alterar sua posição para piqueiro em um instante. As primeiras eram baionetas com plugues, que eram literalmente encaixados na boca da arma, impedindo que a arma fosse disparada quando em uso. Em 1680, entretanto, a baioneta com soquete foi inventada, com a lâmina deslocada para o lado de um soquete de metal cilíndrico e aberto que era encaixado ao redor do bocal, o que significava que mesmo com a baioneta encaixada, a arma ainda poderia ser carregada e disparada.

Foi a invenção da baioneta de soquete, em adição à ascensão da artilharia, que, no fim das contas, fez com que piqueiros desaparecessem dos campos de batalha. Apesar disso, armas com ponta como espadas, lanças, alabardas e piques ainda tiveram um papel crucial no conflito no decorrer do período deste capítulo, pois a batalha ainda ocorria de perto.

EMBARCAÇÕES DE CERCO E FORTIFICAÇÕES

A invenção da artilharia transformou a fortificação e a embarcação de cerco permanentemente. A partir do século XVI, fortificações de altura elevada e construídas sobre relevos – basicamente, os castelos da era medieval – de repente se tornaram alvos fáceis para atiradores. (Uma consideração adiante é que o canhão oferece melhor desempenho quando o cano é ligeiramente elevado para atingir um alvo alto, por conta da compressão aprimorada da pólvora e do tiro sob gravidade. Nos séculos XVI e XVII, portanto, engenheiros militares e arquitetos como Baldassare Peruzzi, Vincenzo Scamozzi, Sébastien Le Prestre de Vauban e Menno van Coehoorn tornaram seus olhares para novas gerações de fortificação, tanto para resistir a um exército situado e armado com canhões, quanto para aumentar capacidades defensivas. Fortificações, portanto, se tornaram mais baixas e pesadas, as paredes externas protegidas por declives de

terra para absorver bolas de canhão; projetavam-se baluartes triangulares sobre os quais a artilharia era montada para atirar na defensiva; e valas largas para quebrar ataques de cavalarias, cujo lado exterior era ainda protegido por um terraço inclinado ou talude, sendo este próprio terraço defendido por canhão.

Para exércitos sitiados, estas estruturas reescreveram completamente as regras do sítio, especialmente porque métodos clássicos de derrubar paredes – como minerar – eram agora muito mais difíceis de aplicar. O sítio se tornou, portanto, uma questão de minar: cavar trincheiras cobertas à frente, em direção à fortificação inimiga, cobertas por armas de longo alcance, e estabelecer posições de artilharia sucessivas cada vez mais próximas das defesas e das paredes externas. Uma vez que os mosqueteiros da artilharia e da infantaria estavam próximos o suficiente para desferir tiros e destruição supressiva,

Esta vista aérea da Ciudadela de Jaca no norte da Espanha ilustra os princípios geométricos de defesa que influenciou o projeto de fortalezas durante o início do período moderno.

uma infantaria massificada atacaria para sobrecarregar as defesas. Este breve resumo não faz jus total à ciência intrínseca e ao pensamento tático que pairava sobre o sítio e a fortificação no Renascimento, cujos requisitos foram outros, como o braço da artilharia e da engenharia militar, cada vez mais necessários para os exércitos que precisavam de profissionais permanentes tecnicamente qualificados em seus ranques.

EXÉRCITOS E TÁTICAS

Durante o século XVI, muitas guerras foram realizadas com exércitos permanentes relativamente pequenos, suplementados por contingentes consideráveis de mercenários. No entanto, durante o século XVII, a composição, organização e administração de exércitos mudou significativamente, avanço realizado por Gustavus e outros indivíduos essenciais como Luís XIV e João Maurício de Nassau. Transformações eram, na realidade, essenciais. Exércitos nesta era estavam se tornando ainda maiores, o que por sua vez significava que mantê-los e implantá-los em lutas era um esgotamento na economia do estado. (No decorrer de grandes guerras, até 90% de um orçamento nacional poderia acabar sendo transferido para a expedição militar). Houve também uma mudança com relação à contratação de mercenários, substituindo-os por exércitos permanentes profissionais, financiados pelo estado, o que se tornou a norma.

Durante o Renascimento, os exércitos se tornaram estavelmente organizados de acordo com unidades padronizadas, incluindo alguns dos tipos de unidades que conhecemos ainda hoje – companhias, batalhões e regimentos. Estas unidades eram partes definitivas do exército permanente e não entidades temporárias desenvolvidas para uma batalha, além de serem mantidas fortalecidas com um fluxo interno de novos recrutas. O sistema melhorou dramaticamente a cadeia de comando, treinamento, logística e o senso de identidade coletiva em cada unidade, com unidades individuais estabelecendo um senso de combate de linhagem e tradição. Os exércitos também eram profissionalizantes, não menos porque armamentos como os da artilharia demandavam níveis mais altos de habilidades técnicas. Gustavus, por exemplo, substituiu o artilheiro empreiteiro civil por soldados profissionais para se certificar de que conhecimento essencial estava contido dentro dos ranques e era transmitido de forma efetiva para as gerações seguintes. Significativamente, o sistema não-familiar de ranques militares também se desenvolveu neste período, estabelecendo um senso claro de senioridade e progressão dentro dos exércitos.

Taticamente falando, também houve grandes mudanças. No início da era, a formação de infantaria em combate ideal era o "Quadrado Espanhol", assim chamado por ter sido codificado pelo rei Ferdinando da Espanha em 1505. Os espanhóis reuniram infantaria em um número de cerca de 1.000 homens conhecidos como colunela (coluna), a coluna contendo todos os elementos de batalha essenciais para a infantaria – arcabuzeiros, piqueiros e alabardeiros. Em ação, três colunelas se tornavam uma formação maior conhecida como tercio, e isso era chamado de "Quadrado Espanhol". O tipo de formação espanhol tipicamente posicionava os piqueiros (a maior porcentagem da formação) no centro, com os arcabuzeiros se posicionando nos flancos, como suporte.

Ao longo do final do século XVI e no século XVII, três grandes mudanças ocorreram no modo como a infantaria era manuseada. Primeiramente, o número de arcabuzeiros/mosqueteiros aumentou em proporção a outros braços, até que se tornaram a maioria. Em segundo lugar, inovadores como Maurício de Nassau aprimoraram as estatísticas de tiro de voleio através da rotação de ranques de atiradores na fronte com os que se posicionavam atrás; aprimoramentos subsequentes foram vistos pelos mosqueteiros ao adotarem posições ajoelhadas ou em pé para aumentar o volume de disparo. Em terceiro, a formação de infantaria se tornou mais linear e curta, tendo somente quatro a seis ranques de profundidade. Esta inovação resultou em grandes aumentos na fachada de disparos que a infantaria conseguia realizar. Combinada com o poder crescente da artilharia, o desgaste da pólvora era agora o pilar central da guerra em terra.

Os séculos XVI a XVIII também representaram um tempo de mudança para a cavalaria europeia. A ascensão de armas de fogo e artilharia significava que os cavaleiros em grandes armaduras da era medieval realmente estavam no passado. Durante o Renascimento, os tipos de cavalaria se diversificaram, parcialmente por conta dos encontros entre europeus com a cavalaria leve e de rápida movimentação das tradições islâmicas. A cavalaria pesada continuou importante para ataques em massa; a forma principal da cavalaria pesada durante esta época eram os couraceiros, que montavam nos maiores corcéis e utilizavam uma couraça de metal na região do peito. Mas abaixo dos couraceiros e tipos similares, a cavalaria intermediária e leve proliferou, incluindo hussardos, dragões e lanceiros, cada um com sua própria identidade e seu próprio papel. Este espectro da cavalaria era aplicado de forma flexível e dinâmica; em adição às mudanças no campo de batalha, eram utilizados também para triagem, reconhecimento, perseguição e outros deveres. Esta época também deu à luz a artilharia a cavalo, na qual todas as equipes com armas de fogo estavam montadas, o que significava que eles conseguiam acompanhar as manobras de cavalaria e implantar armas rápidas e, frequentemente, explorar oportunidades táticas.

Armas de fogo em pistolas e carabinas (versões encurtadas dos mosquetes) expandiram o arsenal da cavalaria e trouxeram táticas frescas. No caracole, o corpo da cavalaria iria até a infantaria inimiga, ficariam nivelados diante deles, se armariam e disparariam suas pistolas (normalmente carregavam três), e a partir daí cavalgariam de volta para recarregar enquanto a próxima unidade da cavalaria se movimentava para realizar a mesma ação. A efetividade do caracole é muito aberta para debate – era vulnerável tanto para a infantaria revidar os tiros (o que era muito mais pesado do que qualquer feito que a cavalaria poderia ter) e para a cavalaria contra-atacar – e teve seu uso recusado ao final do século XVII.

GUERRA NAVAL

A maior das revoluções no mundo da guerra durante o Renascimento é encontrada no contexto naval. No início deste período, o barco a remo ainda era o navio de guerra principal, projetado para ações de atropelamento e embarque e levemente armado nas proas com canhões de baixo calibre. Navios de guerra à vela eram primariamente usados por logística ou como plataforma de tropas. Mas durante o século XVI, e especialmente sob os projetos de construções navais intensivas do Rei Henrique VIII da Inglaterra (1509-1547), novas gerações de navios à vela de combate, sob a forma de caraques e galeões, emergiram. Sob a expressão britânica, estes possuíam "castelos" mais baixos – as plataformas erguidas na frente e atrás do deque principal – e um foco em maximizar integração da artilharia; o restante do mundo em breve seguiu estes princípios. A invenção do porto de armas foi crucial. Esta porta engrenada colocada no casco do navio permitiu que canhões fossem montados em deques inferiores, com seus canos projetados para fora através dos portos de arma quando em ação. A configuração teve implicações cruciais: significava que um navio poderia carregar toneladas de armamento em canhão sem tornar o navio pesado e instável. Também significou que conflitos poderiam agora possuir um costado amedrontador, envolver os navios inimigos com uma barragem ondulante era melhor do que alguns exércitos terrestres podiam reunir.

A Marinha Real também veio a desenvolver o sistema de classificação para navios de guerra, classificando-os de acordo com o tamanho do navio e o número correspondente de armas. Havia seis categorias, com a primeira, a segunda e a terceira sendo classificadas como "navios de linha", o que significava que eles podiam se posicionar na primeira linha de batalha. Um navio de guerra de primeira categoria possuía mais de 80 armas organizadas por 3 deques; ao final do século XVIII, havia tipicamente mais de 100

A nau inglesa Henry Grace à Dieu era um dos maiores navios de guerra do mundo quando foi comissionada em 1514. Tinha um efetivo de mais de 700 homens e estava armada com 184 canhões de vários calibres.

canhões pesados e uma tripulação de 850. Embarcações de sexta categoria, por sua vez, eram pequenas fragatas ou "pós-navios", comportando por volta de 20 a 28 armas.

A era de navios de combate resultou em transformações ostensivas no planejamento de navios, nas táticas e estratégias navais. Os quatro jogadores-chave na construção de navios de guerra na Europa eram a Grã-Bretanha, Espanha, França e a Holanda, mas foi a Grã-Bretanha em particular que realizou os maiores aprimoramentos no desenvolvimento naval. Por dentro da Marinha Real, havia um foco em excelência e rapidez no armamento, auxiliado por desenvolvimentos em recuo controlado por corda, o que acelerou o tempo de recarregamento dramaticamente. Taticamente, os comandantes navais britânicos buscavam trazer seus navios de guerra para uma distância à queima-roupa e esmagar as embarcações inimigas até que afundassem ou se submetessem. Os franceses, no entanto, constantemente buscavam conservar sua frota (especialmente na última parte deste período), geralmente preferindo derrubar o mastro principal do inimigo para incapacitar seus navios e, se as chances de batalha estivessem contra eles, escapar ao invés de engajar em trocas de fogo cegas ao ponto de destruição. (Havia, é claro, muitas exceções a estes princípios, na realidade fluidos, de engajamento em batalha de acordo com as preferências do comandante.)

O desenvolvimento de navios de batalha agora transformou os mares e oceanos do mundo em verdadeiros campos de batalha. Mais do que isso, eles internacionalizaram os conflitos de uma forma não vista previamente. Portanto, o que era essencialmente uma guerra europeia, poderia ser travada em paralelo a algumas milhas dentro do oceano caribenho, atlântico, índico e pacífico. O alcance da guerra era, agora, muito maior.

GUERRAS ISLÂMICAS

No capítulo anterior, testemunhamos um momento fértil na história mundial – a queda da Constantinopla pelo Sultão Maomé II do Império Otomano, o apogeu do expansionismo islâmico. O islamismo se manteve como uma forma potente pelos séculos XVI e XVII, concentrando-se principalmente em três grandes impérios: turco-otomano, os persas safávidas e os magnatas indianos.

A ascensão do Império Otomano foi particularmente notável. Ao abraçar alguns aspectos da modernização, especialmente na artilharia, eles possuíam um exército extraordinário e utilizaram-no para forjar o grande império que, com seu pico sob Maomé IV (1648-1687), cobriu muitas partes do norte da África, quase todos os Balcãs e o sudeste Europeu, Síria, Palestina, Iraque e o leste da península arábica. Sua expansão inevitavelmente trouxe conflito constante com outros, especialmente os europeus e os persas safávidas, algo que resultava em inúmeras batalhas que traziam aos Otomanos a oportunidade de demonstrar a superioridade de infantaria composta por janízaros e sua cavalaria. Batalhas tidas como pontos de referência incluem a Batalha de Chaldiran (23 de Agosto de 1514), quando os Otomanos derrotaram os Safávidas no noroeste do Irã; A Batalha de Ridaniya (22 de janeiro de 1517) no Egito, que levou à captura subsequente do Cairo e o colapso do sultanato dos Mamelucos; e a Batalha de Mohács (29 de agosto de 1526), quando Solimão, o Magnífico (1520-66) derrotou o rei Luís da Hungria ao se aproximar da capital húngara, Budapeste. A partir desta vitória, a Hungria se tornou estado vassalo otomânico, e, três anos depois, Solimão tentou dominar Viena por sítio, não obtendo sucesso em sua tentativa.

Em cada Império na história, há tipicamente um momento definidor, ou ao menos um período, no qual conseguimos mapear seu declínio. Apesar do Império Otomano sobreviver, de certa forma, até o século XX, podemos apontar a grande batalha de Lepanto no dia 7 de outubro de 1571 como um ponto de virada. Este embate épico ao largo da costa da Grécia levou o Império Otomano à batalha contra tropas organizadas da Santa Liga, uma coleção de forças europeias reunidas pelo Papa Pio V, e incluía também as forças do Império Habsburgo. (O Império Habsburgo cobria uma parte extensiva de um território europeu governado pela Monarquia Habsburgo, centrada principalmente na Áustria, o governante da Casa de Habsburgo também sendo o Sacro Imperador Romano para o período 1440-1740.) Em um choque barulhento e violento de remos, arcos e armas, a frota otomana foi extremamente danificada. Apesar dos otomanos reconstruírem rapidamente sua frota no ano seguinte, seu poder naval foi reduzido internacionalmente, especialmente quando colocado contra o pano de fundo do poder naval europeu, então estável e, posteriormente, com um crescimento meteórico, durante o período deste capítulo. O poder Otomano no Mediterrâneo começou a encolher, corroborado por tentativas falhas de tomar Malta em 1565 e Viena em 1683. Uma perda esmagadora na batalha de Zenta (na Sérvia moderna)

Türkisches Militär (Janitscharen).

Uniformes da infantaria janízara de elite do Império Otomano. Os janízaros eram originalmente soldados escravos, mas sua lealdade ao império e sua disciplina na batalha eram infames.

para forças austríacas, lideradas pelo príncipe Eugênio Francisco de Saboia-Carignano – um dentre os grandes militares do Renascimento – que esmagou o exército Otomano, e pelo príncipe Eugênio martelou mais pregos no caixão Otomano na Batalha de Petrovaradin em 1716 e no Sítio de Belgrado em 1717.

Além do Império Otomano e dos territórios do Oriente Médio, impérios islâmicos e estados foram estabelecidos e expandidos por forças no decorrer dos territórios da África, Ásia Central e no subcontinente Indiano. No norte africano, o Islamismo se lançou ao sul a partir do século X e, desta forma, ao chegar ao ano de 1500, já havia se estendido profundamente para a África subsaariana. No noroeste africano, o estado de Marrocos, que possuía apoio Otomano, era um dos estados mais poderosos, com seu exército multiétnico que era capaz de derrubar invasões europeias na região. Na Batalha de Alcácer-Quibir em Marrocos no dia 4 de agosto de 1578, por exemplo, o exército marroquino de Abdal Malique destruiu um exército português sob a liderança do jovem Rei Sebastião de Portugal (1557-1578), apesar de ambos os monarcas terem sido mortos durante a batalha. Mais ao sul, exércitos africanos também lutavam diariamente. Por vezes isso acontecia por conta de conflitos religiosos e às vezes por ambição territorial básica, mas a partir do século XIV um combustível forte para a guerra era o mercado escravagista. Os Impérios e estados africanos mais poderosos, como Mali, Songai, Axante, Daomé e Oió conduziam expedições militares de larga escala em seus vizinhos mais fracos, sequestrando dezenas de milhares de escravos para venda primeiro para estados islâmicos por volta do Mediterrâneo ou, posteriormente, para escravistas europeus.

Mais ao leste, ainda, os séculos XVI a XVIII viram a Índia vivenciar o impacto das invasões islâmicas a partir da Ásia Central, apesar de o próprio Islamismo ter se estabelecido na Índia desde o século VII. Em 1525, o guerreiro Uzbeque rei Zāhir ud-Dīn Mohammad – mais conhecido como "Babur" (Tigre) – invadiu o norte da Índia conduzindo 12.000 homens e, no dia 21 de abril do ano 1526, batalhou um exército muito maior do Sultão Ibrahim Lodi em Panipat, localizado por volta de 90 km do norte de Delhi. Babur, sob posse de canhões e mosquetes, derrotou seus oponentes, apesar de Ibrahim trazer 1.000 elefantes de guerra para a luta, e com este feito, estabeleceu o início do Império Mogol no Sul da Ásia.

A expansão deste império foi direcionada principalmente pelo neto de Babur, Akbar, que obteve outra grande vitória em Panipat em Novembro de 1556, momento no qual a maior parte do norte e do centro da Índia já estavam sob reinado de Mogol. Uma aliança com estados islâmicos abriu as portas para uma entrada dos islâmicos no sul da Índia, diante da derrota do Reino de Bisnaga na Batalha de Talikoti no dia 23 de Janeiro de 1565, apesar de eles subsequentemente terem se submetido à dominação Mogol através das expansões de Muhi-ud-Din Muhammad, também conhecido como Aurangzeb, que dominou o Império Mogol entre os anos de 1658 e 1707 e o levou à sua maior dimensão, governando 158 milhões de súditos. Durante o seu reinado, no entanto, o império também iniciou o seu declínio, que seria acelerado no século XVIII. Os Mogóis se encontraram incapazes de conter uma confederação Marata Hindu, que acabou dominando Delhi no ano de 1771.

JAPÃO, CHINA E O LESTE ASIÁTICO

Entre os anos de 1468 e 1615, o Japão atravessou um período conhecido como a Era Sengoku (Período dos Estados Beligerantes). O título faz jus: por cerca de 150 anos o país estava envolto por conflito quase que constantemente, posto que os rivais daimyo (senhores feudais) lutavam por supremacia.

Dentre as lutas que ocorriam por poder, alguns indivíduos naturalmente ascenderam ao topo – homens que hoje são lendas da história social e militar do Japão. Oda Nobunaga (1534-1582) é tido como um dos primeiros unificadores do Japão, que entre os anos de 1560 e o ano de sua morte em 1582 conseguiu dominar a maior

Uma cena violenta da Primeira Batalha de Panipat na Índia em 21 de abril de 1526 mostra a morte do sultão Ibrahim Lodi, decapitado enquanto tentava se retirar das forças mongóis.

parte da ilha Honshu. Um homem envolto por afazeres marciais desde sua infância, Nobunaga, anos mais tarde, demonstrou confiança, competência e inovação ao liderar exércitos em campanha e em batalha. Ele rapidamente colecionou uma série de vitórias. Em Okehazama, em junho de 1560, por exemplo, Nobunaga derrotou cerca de 25.000 soldados de Imagawa Yoshimoto com apenas 3.000 guerreiros sob seu comando, através de uma mistura de enganos, armadilhas e uso inteligente do terreno. A maior de suas vitórias, no entanto, foi em Nagashino no dia 28 de junho de 1575. Desta vez, Nobunaga não estava escasso em número de guerreiros – suas forças contavam com 38.000 – e ele utilizou 3.000 arcabuzeiros de forma inovadora, posicionando-os atrás de uma estacada de madeira para destruir a cavalaria samurai inicial de Takeda Katsuyori, consumando a vitória através de uma luta árdua de curto alcance com espadas e lanças.

Nobunaga morreu em 1582 por sua própria mão – ele cometeu suicídio durante os últimos estágios de um golpe comandado pelo seu general samurai Akechi Mitsuhide. No lugar de Nobunaga, no entanto, entrou Toyotomi Hideyoshi, um daimyo, outro general nomeado por Nobunaga e um homem com tanto talento militar que ele por vezes é referido como o "Napoleão Japonês". No dia 2 de julho de 1582, ele se assegurou de obter sua vingança contra Mitsuhide ao derrotar seu exército em Yamazaki (Mitsuhide fugiu da batalha e foi posteriormente assassinado), e então prosseguiu, esmagando as forças de Shibata Katsuie em Shizugatake (21 de abril de 1583) e o clã Hōjō na região de Kanto no cerco de Odawara em 1590.

Hideyoshi morreu em 1598, mas o igualmente desafiador senhor de guerra Tokugawa Ieyasu (1542-1603) completou o processo de reunificar o Japão. Apesar de ter sido oposição a Nobunaga e Hideyoshi no passado, Ieyasu, finalmente, se tornou um de seus aliados mais competentes. Em 21 de outubro de 1600, ele obteve uma grande vitória na história japonesa em Sekigahara, ao esmagar uma aliança liderada por Ishida Mitsunari. Isso abriu caminho para Ieyasu tomar a posição de xogum no ano de 1603, e a dinastia Tokugawa reinaria no Japão com relativa paz pelos próximos 250 anos.

Os esforços militares do Japão durante o período Sengoku foram direcionados não somente internamente. Nos primeiros anos da década de 1590, Toyotomi Hideyoshi tornou sua visão mais internacional, e planejou uma invasão à Coreia. Sua intenção era invadir e ocupar a península coreana, e avançar rumo ao norte em campanha contra a China. A invasão iniciou em 23 de maio de 1592, com as primeiras tropas japonesas chegando a Busan, e, pelos próximos dias, o Japão colocou em terra mais de 200.000 soldados. A campanha inicial pareceu promissora para os invasores, na medida em que eles derrotaram as forças opositoras em diversas batalhas e cercos. Até que surgiram os problemas. Enquanto os japoneses se lançavam em direção ao interior da Coreia, eles foram pegos por uma batalha de guerrilha coreana, o que causou atrito e uma logística tensa. Mais importante ainda, no mar a marinha coreana – que incluía vários dos inovadores "navios tartaruga", navios de guerra literalmente cobertos com armaduras de placas de metal – comandada pelo talentoso Almirante Yi Sunshin, derrotou a logística da marinha japonesa. Yi derrotou os japoneses em batalha aberta em diversas ocasiões em 1592, como em Hansando e Danghanpo e, em 1597 em Myongyang. O último local mencionado trata da segunda invasão japonesa na Coreia; a primeira invasão havia oficialmente colapsado em 1594, com a maioria das forças japonesas se retirando. Na segunda invasão, mais uma vez o Japão venceu as primeiras batalhas, mas a pressão que se construía no mar e na terra – especialmente com a chegada das formações enormes comandadas pelo Imperador Ming – fizeram o Japão retroceder. A segunda invasão acabou-se em 1598, com a morte de Hideyoshi auxiliando em seu fracasso.

Assim que a paz e a ordem estavam começando a se estabelecer no Japão, a China entrou em um momento de convulsões. Na virada do século XVII, a China era governada por uma dinastia Ming enfraquecida, cuja maior ameaça veio de Nurhaci, um chefe rebelde do Jiangzhou Jüchen,

Várias mulheres ilustres também aparecem nas fileiras da história dos samurais. Aqui vemos, a cavalo, a grande Tomoe Gozen, uma samurai do século XII conhecida por sua beleza, bravura e habilidade com arco e espada.

uma tribo da Manchúria que se rebelou contra o domínio Ming por volta de 1610. O poder de Nurhaci cresceu à medida que os Ming declinaram, auxiliado por sua efetiva organização militar-administrativa de Jüchen, forças mongóis e chinesas em "estandartes" (ver caixa de destaque). Conhecido coletivamente como os manchus, as forças de Nurhaci e seus sucessores fizeram duas tentativas fracassadas de invadir a China na década de 1620, ambas impedidas pelo general Ming Yuan Zhonghuan.

Mas, em 1636-1637, os manchus tomaram a Coreia com sucesso, e, então, em 1644, Pequim caiu, inaugurando a era da dinastia Qing.

A vitória não trouxe paz. Os manchus se viram tentando controlar e consolidar um território de extensão de tirar o fôlego, dividido por limitações políticas e bases de poder locais, e assim guerras contra inimigos estrangeiros e de dentro de seus territórios ressoaram por grande parte do século XVII.

OS HOMENS SOB OS ESTANDARTES

O sistema de estandartes, organizado pela primeira vez por Nurhaci, foi um ingrediente chave da vitória dos Manchu sobre os chineses na primeira metade do século XVII e de suas subsequentes campanhas militares e governança. Em sua primeira manifestação em 1601, todos os guerreiros manchus foram organizados em quatro companhias, cada uma composta por 300 homens e cada uma distinguida por seu próprio estandarte colorido – vermelha, branca, azul e amarela. À medida que o exército manchu cresceu em escala, mais quatro estandartes foram adicionados em 1615, usando as mesmas cores mas bordadas em vermelho, exceto pela bandeira vermelha, que foi bordada em branco. Em 1635, as tribos mongol aliadas aos manchus foram organizadas em oito de seus próprios estandartes e em 1642 outros oito estandartes de tribos chinesas foram adicionados.

Esses 24 estandartes, cada um agora composto por milhares de guerreiros, não eram apenas uma forma de racionalização do exército. Eles também serviram como uma estrutura para a administração civil, incluindo a tributação e alistamento. Após o estabelecimento da dinastia Qing, as 24 bandeiras permaneceram no local, a maioria das forças concentradas em Pequim, mas havendo outras bases em todo o país sob funções de segurança. Os Qing também fundaram um "Exército do Estandarte Verde", uma força generalizada de unidades não-manchus, usado para policiar o vasto país.

Uma ação militar notável, que demonstrou a capacidade da forma de guerrear dos Manchu, ocorreu em 1696, quando o imperador Qing Kangxi liderou pessoalmente um importante exército de 80.000 homens pelo deserto de Gobi para lutar contra o Dzungar Khanate da Mongólia, parte do que é conhecido como a Primeira Guerra Dzungar-Qing (1687-1697). A jornada levou 80 dias épicos, mas a atenção de Kangxi à logística – ele havia montado 1.333 carroças de suprimentos para apoiar a expedição – significava que seu exército era capaz de lutar. Na Batalha de Jao Modo, travada em junho de 1696, o exército manchu destruiu totalmente as forças de Dzungar que, sem armamento de pólvora, era incapaz de encontrar uma resposta à artilharia e mosquetes de Qing.

AS AMÉRICAS

Antes do século XVI, as Américas eram governadas por sociedades tribais, nômades ou colonizadas, muitas vezes com códigos de guerra fortes, embora ritualísticos. Tanto na América do Norte quanto na América do Sul, a guerra entre essas tribos era frequente, mas tendia a ser limitada em escopo, muitas vezes focada mais em ataques e captura de prisioneiros do que na destruição em massa do inimigo, embora às vezes as guerras pudessem ser extremamente sangrentas. A maioria dos jovens, pelo menos aqueles que não eram de uma classe de escravos, teriam que provar serem caçadores e lutadores capazes ao atingir a maioridade, e o espírito corajoso e destemido na guerra era essencial para ganhar seu respeito na tribo ou diante do povo. As armas típicas eram arcos e flechas, dardos, lanças, porretes, machados e punhais, armas de impacto tipicamente feitas de madeira e vários tipos de pedra (armas de metal eram raras nas Américas antes da chegada dos europeus), com alguma engenhosidade. O macuahuitl asteca, por exemplo, consistia em um pesado taco de madeira dura com "lâminas" de sílex ou obsidiana. Além do uso de escudos básicos (apesar de muitas vezes altamente ornamentados), algumas tribos também usavam formas primitivas de armadura corporal, feitas de materiais como couro revestido, tecidos forrados e pedaços de madeira e chifre.

A experiência militar das tribos americanas mudou profundamente e, para elas, desastrosamente, com a chegada de invasores e colonos europeus nos séculos XV-XVII. A América do Sul pré-colombiana (ou seja, a América do Sul antes da expedição de Cristóvão Colombo em 1492) era dominada por vários impérios guerreiros extensos e altamente sofisticados, incluindo os astecas, com sua base de poder no atual México; os Incas, que governaram o Peru, a maior parte do Chile e muitas outras partes do leste da América do Sul; e os povos maias do México e da América Central. Embora fossem, sem dúvida, impérios desafiadores, o colonialismo espanhol no século XVI os colocou contra inimigos e armas inimagináveis para esses povos.

O início da queda do Império Asteca começou em novembro de 1518, quando o conquistador Hernán Cortés desembarcou com um exército de 600 homens, 17 cavalos e dez canhões na Península de Yucatán, no sudeste do México. Cortés aumentou sua pequena força aliando-se ao povo antiasteca Tlaxcala. Intimidado pela confiança e estranheza dos espanhóis (os astecas nunca tinham visto cavalos ou armas de pólvora, por exemplo), o imperador asteca Montezuma II a princípio permitiu que os espanhóis entrassem na capital, Tenochtitlán. No entanto, à medida que seus abusos de poder se tornaram claros, os astecas se rebelaram, com centenas de espanhóis sendo mortos em Tenochtitlán durante a "Noite das Dores" (30 de junho a 1 de julho de 1520). Cortés – que estava longe da cidade na época – agora com cerca de 370 soldados mais seus aliados Tlaxcallan, no entanto, infligiu uma pesada derrota aos astecas em Otumba em 7 de julho de 1520, com uma carga final de sua cavalaria com espada e lança quebrando o exército asteca. Então, no ano seguinte, entre 31 de maio e 14 de agosto de 1521, ele sitiou Tenochtitlán, desta vez com um exército aumentado por outras tribos antiastecas. O cerco estabeleceu um ritmo cansativo de ataque e contra-ataque, as forças espanholas entrando na cidade através de calçadas durante o dia, matando todos que encontravam e recuando para fora da cidade antes do anoitecer. Por fim, a resistência asteca entrou em colapso em agosto de 1521, com grande parte da população morrendo fosse de fome, varíola (uma importação europeia que devastou os nativos americanos) e/ou o massacre subsequente.

A figura principal na conquista dos Incas foi o conquistador Francisco Pizarro. Em 1532, Pizarro, com uma força de soldados espanhóis composta por apenas cerca de 150 a 200 homens, marchou para Cajamarca, a cidade onde o imperador inca Atahualpa estava instalado. Este foi um ato de bravata considerável, já que os incas tinham, na época, um exército de cerca de 40.000 homens, embora uma recente guerra civil e uma epidemia de varíola tenham enfraquecido severamente o império. O encontro entre Atahualpa e Pizarro começou com cordialidade formal, mas em 16 de novembro de 1532 as tropas espanholas emboscaram o partido real inca, prendendo Atahualpa e matando a maior parte de sua comitiva. Este ato cortou o coração dos incas em um instante, e os espanhóis posteriormente capturaram a capital inca, Cuzco, sem briga, e posteriormente anulando qualquer tentativa de rebelião.

A colonização europeia da América do Norte começou no final do século XVI, com desembarques espanhóis na Flórida e depois desembarques britânicos na Virgínia. Os assentamentos proliferaram e cresceram,

O imperador inca Atahualpa é cercado e capturado pelas forças espanholas na batalha de Cajamarca em 1532. O maior poder de fogo espanhol e sua mobilidade é evidente nesta obra de arte.

com holandeses e franceses também se estabelecendo no continente. Durante o século XVII, a colonização incipiente da América do Norte naturalmente colocou colonos em conflito com os nativos que habitavam as terras, especialmente nas florestas do nordeste. Em 22 de março de 1622, por exemplo, guerreiros da Confederação Powhatan invadiram o assentamento inglês na foz do rio James, na Virgínia, matando muitos dos colonos. A atrocidade tendia a gerar contra-atrocidades durante esta era. Quando, em julho de 1636, um comerciante europeu foi assassinado por guerreiros Pequot em Connecticut, um contra-ataque organizado pela milícia de colonos – apoiada por tribos nativas aliadas – massacrou os ocupantes da aldeia Pequot de Mystic, ação da qual os Pequots nunca se recuperaram enquanto tribo.

A destruição de Mystic expõe o fato de que as guerras na América do Norte nos séculos XVII e XVIII nunca foram simplesmente uma questão de colonos contra nativos americanos, pois havia a ocorrência de colonos aliados a tribos nativas americanas em campanhas contra inimigos em comum. As chamadas Guerras dos Iroqueses, por exemplo, opuseram cinco nações da Confederação Iroquesa contra seus rivais Huron em quase 60 anos de combates intermitentes (1640-1698), e os Iroqueses também enfrentaram forças do exército francês. Ambos os lados adaptaram sua luta com base em encontros com seus inimigos. Os franceses, por exemplo, aprenderam as habilidades de ataques e emboscadas em pequenos grupos, enquanto muitas tribos nativo-americanas tornaram-se usuárias entusiastas de armas de fogo e também dominaram as habilidades de equitação, lutando a cavalo com arco, lança e clava.

GUERRA NA EUROPA

As guerras na Europa entre 1500 e 1750 desafiam uma fácil compressão em uma narrativa histórica. Falando nos termos mais amplos, os conflitos foram gerados ao longo de quatro grandes falhas que atravessam a política e a cultura europeias: o choque entre as fés protestante e católica após a Reforma Protestante no século XVI; disputas dinásticas, particularmente quanto à sucessão de monarcas; rivalidades territoriais e expansionismo; e as primeiras batalhas de impérios colonizadores, às vezes travadas a centenas ou mesmo milhares de quilômetros da massa de terra europeia. Na realidade, as muitas guerras europeias deste período foram frequentemente uma mistura de várias ou todas essas influências, confrontos entre estados individuais muitas vezes desencadeando alianças e interesses externos que trouxeram conflitos em todo o continente. A intensidade e a frequência dos combates na Europa criaram um laboratório medonho de guerra, no qual a tecnologia e as táticas deram saltos inspiradores, muitas vezes sob a direção de alguns dos maiores comandantes da história militar.

As guerras da Europa renascentista muitas vezes possuíam uma duração impressionante. Realizadas entre 1494 e 1559, por exemplo, as guerras italianas foram geradas quando Carlos VIII da França (1483-1498) invadiu a Itália para buscar uma reivindicação dinástica. Isso desencadeou uma escalada que colocou a França contra uma "Santa Liga" de forças formada pelo Papa Júlio II em 1511, principalmente as da Itália e da Espanha. A guerra foi especialmente significativa para as inovações do campo de batalha do comandante espanhol Gonzalo Fernández de Córdoba, que combinou piqueiros e arcabuzeiros na potente nova formação que veio a ser copiada por toda a Europa. Nesta guerra prolongada, ambos os lados tiveram sua parcela de vitórias e derrotas. Algumas das batalhas marcantes incluem Cerignola (28 de abril de 1503), na qual Córdoba esmagou um ataque francês (apoiado por mercenários piqueiros suíços) com seus piqueiros e arcabuzeiros, e Ravena (11 de abril de 1512), uma vitória francesa sobre os espanhóis que envolveu duas horas de duelo de artilharia. Assim como ocorre muitas vezes nestes conflitos, a guerra terminou não tanto com uma vitória decisiva de um lado, mas sim com uma série de compromissos e tratados, acordados por nações exaustas da guerra.

A Reforma Protestante, iniciada pelo teólogo alemão Martinho Lutero em 1517, começou com um desafio às práticas religiosas. No entanto, à medida que a Europa se dividia progressivamente em ramos protestantes ou católicos do cristianismo, essa divisão religiosa alimentou uma nova geração de conflitos. As guerras eram, é claro, mais complexas do que apenas questões de fé – o alinhamento cristão de estados, impérios e monarcas também tinha profundas implicações políticas – mas a dimensão espiritual desses conflitos permitia que todo tipo de atrocidades e desumanidade prosperasse em nome da fé 'verdadeira'.

O padrão das guerras religiosas dos séculos XVI e XVII era complexo. Nos anos de 1560, a França entrou em colapso com uma guerra civil de católicos contra protestantes, os últimos representados pelos huguenotes calvinistas, e os primeiros, pela casa real. Típica da época, a guerra local tinha um sabor internacional. Ambos os lados usaram mercenários estrangeiros – os protestantes, por exemplo, empregaram muitos Landsknecht alemães (ver quadro de dados) e cavalaria pesada alemã conhecida como Reiters ("cavaleiros"), enquanto piqueiros suíços aumentavam as fileiras dos católicos. (Havia muita rivalidade entre essas forças mercenárias, e pouca piedade se alguém tomasse o outro como prisioneiro.) Houve também muita intervenção de Estados estrangeiros, com a Inglaterra, Escócia e Navarra apoiando os protestantes e a Espanha, e Savoy apoiando os católicos.

MERCENÁRIOS LANDSKNECHT

Os Landsknecht eram mercenários de infantaria alemães que possuíam grande demanda durante os séculos de XV a XVII. Foram criados em 1486 pelo Sacro Imperador Romano Maximiliano I, e seus ranques cresceram significativamente em cima de uma reputação de ferocidade e profissionalismo no campo de batalha. Os Landsknecht

A lança foi uma arma decisiva na história europeia por mais de um século. Aqui o artista Hans Holbein mostra o horror claustrofóbico de uma batalha de lanças em massa.

eram majoritariamente piqueiros, apesar de eles também lutarem com alabardas, espadas de duas mãos pavorosas chamadas Zweihänder, arcabuzes e uma edição padrão de espada curta chamada Katzbalger. No campo de batalha, eles tendiam a lutar em quadrado de infantaria, com Doppelsöldner (homens de pagamento dobrado) nas fileiras da frente, assim chamados porque ao optarem por lutar na frente, uma posição muito mais arriscada, recebiam o dobro de sua recompensa. Os Landsknecht foram um componente crucial do exército imperial do Sacro Império Romano-Germânico por mais de um século, mas as mudanças nas tecnologias e táticas da guerra os colocou em declínio no início do século XVII.

A primeira grande batalha da guerra foi em Dreux em 19 de dezembro de 1562, mas muitas outras foram realizadas até o protestante Henrique de Navarra, por esta altura coroado Henrique IV de França, derrotar um exército da Santa Liga em Coutras (1587), Arques (1589), Ivry (1590) e Amiens (1597). O Édito de Nantes em 1598 trouxe as Guerras Religiosas Francesas a um encerramento agitado (o século XVII viu outros conflitos religiosos na França), sendo que a esta altura na progressão da história 3 milhões de pessoas talvez tenham morrido de violência e doenças associadas e fome.

A França não foi a única arena de batalha para as guerras religiosas europeias. Um longo conflito semelhante a estes foi travado na Holanda, após a revolta protestante holandesa contra a Espanha sob domínio dos Habsburgos na década de 1560. A Inglaterra também entrou em conflito com a Espanha católica, um confronto mais famosamente representado quando Filipe II da Espanha tentou realizar uma invasão da Inglaterra com a sua "Armada Espanhola" em 1588. Em uma batalha que veio para definir a crescente supremacia naval da Inglaterra, uma frota inglesa sob o comando de Lord Howard de Effingham e Sir Francis Drake interceptou e ocupou a frota espanhola de 130 fortes com sua artilharia superior no final de julho, acabando por conduzir os sobreviventes espanhóis para o Mar do Norte, de onde eles tentaram retornar à Espanha navegando pela Escócia e pela Irlanda, em vez de tentar passar pelo Canal da Mancha novamente. O clima adverso e a doença a bordo prejudicaram ainda mais o transporte espanhol; cerca de 63 navios foram perdidos no total, e a Inglaterra permaneceu a salvo da invasão.

Embora as guerras religiosas na Europa certamente tenham consumido milhões de vidas, elas não são o conflito mais destrutivo desta era beligerante. Essa honra vai para a Guerra dos Trinta Anos, um conflito quase global travado de 1618 a 1648 por uma variedade desconcertante de razões religiosas, dinásticas e territoriais, desencadeadas pelos esforços do Império Habsburgo para anular o protestantismo na Boêmia. A luta arrastou a maioria das nações europeias para uma guerra que custaria cerca de 8 milhões de vidas.

A Guerra dos Trinta Anos foi um campo de experimentação para muitas das novas táticas e tecnologias da época, experimentação esta que era conduzida em batalhas de escala épica – a Primeira Batalha de Breitenfeld (17 de setembro 1631), por exemplo, viu um exército sueco/saxônico de 42.000 enfrentar um exército imperial de 35.000. Breitenfeld foi uma luta acirrada, mas houve, no final, uma vitória marcante para Gustavus Adolphus. De fato, foi a Guerra dos Trinta Anos que cimentou a reputação de Gustavus como uma das maiores mentes militares do século, embora sua morte na Batalha de Lützen (16 de novembro 1632) – sua vitória final – tenha sido um golpe poderoso para a causa protestante. Sua passagem sem dúvida contribuiu para a destruição de um exército sueco em Nördlingen em setembro de 1634, embora a ascensão de outro comandante sueco altamente capaz – Lennart Torstensson – tenha visto um exército imperial dominado na Segunda Batalha de Breitenfeld em 12 de novembro 1642. (Um indicador da personalidade impressionante de Torstensson era que, embora estivesse aleijado pela artrite, ele insistiu em ser carregado pelo campo de batalha em uma maca para dar seus comandos.)

A Guerra dos Trinta Anos terminou na Paz de Vestfália em 1648, com os Habsburgos humilhados e a Suécia e a França como potências crescentes na Europa. Mas mesmo que esta grande guerra tivesse diminuído, outras estavam em fúria ou em chamas.

A partir de 1642, a Inglaterra foi apanhada no moinho de sua guerra civil seminal, travada entre os monarquistas leais a Carlos I (1625-1649) e os parlamentares, liderados por Oliver Cromwell. No primeiro ano de luta, os monarquistas em grande parte tiveram a vantagem, mas progressivamente, a vantagem mudou para os parlamentares à medida que o exército de Cromwell crescia em força, moral e manuseio. A vitória na Batalha de Marston Moor em 2 de julho de 1644 deu aos parlamentares o controle do norte da Inglaterra. Na Batalha de Naseby, em 14 de junho de 1645, o Parlamento testou seu Novo Modelo de Exército, formado em janeiro anteriormente e comandado por Sir Thomas Fairfax. Este era um corpo convencional de infantaria organizado e disciplinado com um comando unificado e foi um grande avanço em relação às milícias e exércitos privados que estavam lutando pelo lado do Parlamento até aquele momento. Esta força, e a cavalaria "Ironsides" comandada pelo próprio Cromwell, efetivamente demoliu a resistência monarquista em Naseby. Cromwell posteriormente derrotou uma invasão realizada por um exército escocês em 1648, em Preston, entre 17 e 19 de agosto de 1648. Carlos I foi executado em 1649 e, agora, sem seu rei, os monarquistas lutaram na Irlanda e na Escócia até que Cromwell, frequentemente demonstrando brutalidade terrível para com as populações civis, esmagou a resistência final na Batalha de Worcester em setembro de 1651. Cromwell estabeleceu a Commonwealth, com ele próprio nomeado Lord Protetor em 1653 – efetivamente uma ditadura. Ele morreu em 1658, e dois anos depois a Inglaterra restaurou um monarca, Carlos II, ao trono.

Na Europa mais ampla, o período de 1689 a 1750 foi dominado por uma série de guerras dinásticas e imperiais. Três delas são particularmente conhecidas por sua escala e destrutividade. A Guerra da Grande Aliança

(1689-1697), também chamada de Guerra da Liga de Augsburgo, foi travada entre o rei francês Bourbon Luís XIV e uma ampla aliança liderada pela Inglaterra, as Províncias Unidas dos Países Baixos e a dinastia dos Habsburgos. Perto de seus calcanhares, a Guerra de Sucessão Espanhola (1701-1714) veio de uma disputa sobre quem deveria assumir o trono da Espanha após a morte de Carlos II, que não havia deixado herdeiros (1660–1685), em 1700, com Inglaterra, Holanda e Áustria novamente aliadas contra a França, que por sua vez tinha a Espanha como aliada. A Guerra da Sucessão Austríaca (1740-1748) foi outra grande guerra europeia, que envolveu um número ainda maior de combatentes. Foi desencadeada pela morte do Sacro Imperador romano Carlos VI (1711–40) e pela invasão da Prússia da Silésia de Frederico II (1740-1786) – ambos eventos ocorreram em 1740. Este conflito também teve um sabor global, com a França e a Grã-Bretanha lutando na América do Norte por suas respectivas fronteiras coloniais. Juntamente com essas lutas, podemos adicionar também a Grande Guerra do Norte de 1700-1721, na qual Carlos XII da Suécia (1697-1718) enfrentou Dinamarca-Noruega, Prússia, Saxônia, Polônia e Rússia no Báltico.

O que esses conflitos fizeram, em graus variados, foi reestruturar o mapa político da Europa. A França em 1750 foi confirmada como o estado líder na área da Europa Ocidental, embora essa ascendência fosse abruptamente impedida pela Prússia na Guerra Franco-Prussiana de 1870–1871 (ver Capítulo 4). No extremo norte da Europa, a Grande Guerra do Norte resultou em supremacia russa, firmando-se como novo controle de poder em assuntos europeus. Isso foi às custas da Suécia, que começou um declínio acentuado, especialmente após a morte de seu rei guerreiro, Carlos XII, que foi morto em batalha em Fredrikshald, Noruega, em 30 de novembro de 1718.

Esses conflitos também elevaram uma nova safra de comandantes talentosos à fama ou notoriedade. Ao lado de indivíduos como Carlos XII podemos colocar Marechal Tallard da França e General John Churchill da Grã-Bretanha, 1º Duque de Marlborough. O último de fato tomando o seu lugar como um dos melhores líderes militares da Grã-Bretanha, ao derrotar Tallard na Batalha de Blenheim (13 de agosto 1704), Marechal Villeroi em Ramillies (23 de maio de 1706) e o competente Marechal Villars em Malplaquet (11 de setembro de 1709), embora esta última fosse uma vitória pírrica, com o exército holandês-britânico de Marlborough tomando 55.000 baixas, a maioria devido à excelência da artilharia e da mosqueteira da França. Os séculos XVII e XVIII foram uma época em que a guerra mudou em sua natureza fundamental, e alguns exércitos e comandantes floresceram sob estas condições, enquanto outros afundaram. Na era que se seguiu (1750-1914), as rodas da mudança continuaram girando, no entanto. Enquanto as guerras deste capítulo foram de tal escopo e escala que alguns desafiam a noção de que a guerra de 1914-1918 (Primeira Guerra Mundial) foi o primeiro conflito global, o mundo estava prestes a entrar em uma nova era, uma que viu o início do que hoje podemos chamar de "guerra total".

CAPÍTULO 4
GUERRA IMPERIALISTA E REVOLUCIONÁRIA

O período aproximado entre 1750 e o apogeu da Primeira Guerra Mundial, em 1914, inaugurou a era que podemos chamar de "Revolução Industrial". Os primeiros 100 anos dessa época vislumbraram apenas mudanças de táticas graduais, mas por vezes altamente relevantes, particularmente durante as Guerras Revolucionárias Francesas e as Napoleônicas, mas, de 1850 em diante, o mundo fez uma série de avanços na tecnologia de armas e isso fundamentalmente reconfigurou táticas bélicas.

Até 1750, a prática bélica tinha se restringido largamente a limites táticos minuciosamente determinados. Na terra, um exército profissional em posição, de grande tamanho e valor, era um pilar visível de qualquer estado moderno de sucesso. Esses exércitos eram compostos de três elementos principais: infantaria, artilharia e cavalaria. O último é crucial para manobras rápidas e decisivas, enquanto infantaria e artilharia traziam a maior parte do enfraquecimento. Muito pensamento tático foi dado à melhor maneira de mover e posicionar esses elementos na batalha. Na parte da infantaria, por exemplo, havia uma postulação considerável de se, ou quando, colocar as unidades de infantaria em linhas ou colunas. "Colunas" não devem ser pensadas como uma fila estreita de tropas, serpenteando finamente em direção ao inimigo. Elas poderiam, na verdade, ser largas (até mais largas que compridas), com uma frente

Reencenadores desencadeiam uma saraivada de tiros coordenados de mosquete na reencenação do 225º aniversário da vitória do Exército Continental Americano sobre os britânicos em Yorktown, Virgínia, em 1781.

de dúzias de homens, mas ainda muito mais estreitas que a longa linha de frente, a qual iria preparar centenas de metros, às vezes em fileiras tão finas quanto dois homens de profundidade.

Cada formação trazia seu próprio conjunto de vantagens e desvantagens. A vantagem da fila era que ela demonstrava o volume máximo de poder de fogo dos mosquetes. O próprio comprimento de uma fila significava que era um desafio atacar de flanco, e isso também ajudava a reduzir causalidades – um canhão batendo na linha de infantaria pode matar somente um ou dois homens, ao invés de ir desmoronando fileiras mais profundas como no boliche. Pelo lado negativo, a fila era um pesadelo de se controlar no avanço dianteiro, especialmente através de um terreno duro ou quebradiço, e era também vulnerável a ataques de cavalaria. Foi por esta última razão que os exércitos se tornaram adeptos de se movimentar de filas a quadrados, literalmente uma caixa oca de quatro lados, com a infantaria apresentando seus mosquetes e baionetas ao redor de cada lado. Essa formação era quase impossível de a cavalaria quebrar, apesar de representar um alvo tentadoramente conveniente para a artilharia inimiga.

A coluna, por sua vez, tinha a vantagem de velocidade e concentração de força; pense nela como o aríete da infantaria, o qual pode ser direcionado aos pontos mais fracos da linha inimiga. Colunas eram mais facilmente controladas, mesmo com o terreno dificultoso, e elas podiam fazer curvas e desvios ágeis, ao contrário da linha, que tinha que realizar todos os tipos de movimentos articulados complexos. A massa compacta e sólida de uma coluna também era mais capaz de resistir a ataques da cavalaria. Mas elas não eram de todo positivo. Por causa da frente mais estreita, a coluna limitava o número de mosquetes que poderiam ser apresentados a qualquer momento, o que reduzia o poder de fogo da formação. Por exemplo, durante as Guerras Napoleônicas, um batalhão de 720 homens postos em colunas tinha somente 240 homens que eram capazes de disparar seus mosquetes para frente. As colunas também eram cruelmente expostas à artilharia de fogo – e essa era uma época de artilharia.

As decisões táticas sobre colunas, linhas ou quadrados eram tomadas baseadas em uma série de fatores. Esses incluem o intervalo de relações lineares para as angulares das formações, a posição da cavalaria e artilharia, as dimensões e a natureza do terreno e o tamanho do exército. Nós devemos notar que essas formações poderiam ser expandidas até ficarem pavorosamente grandes: na batalha de Wagram em julho de 1809, o marechal francês Jacques MacDonald (o sobrenome é explicado por seu pai, que vinha do oeste da Escócia) implantou três divisões de infantaria (23 batalhões) em uma vasta coluna de 8.000 homens. Nós também deveríamos lembrar que não era apenas um caso entre isso ou aquilo: táticos bons como Napoleão, como veremos, misturavam linhas e colunas no campo de batalha, com um efeito categórico.

Comando e controle, como era de se esperar nesses tempos anteriores ao rádio, eram um desafio imenso, já que dependiam de sinais de bandeiras, de sinais musicais com baterias e gaitas, de padrões visíveis e comandos pré-estabelecidos, além das instruções dos mensageiros correndo pelo campo de batalha para apanhar instruções do comandante geral. Esse era idealmente posicionado em um miradouro elevado. Mas adicione o barulho, confusão e fumaça do campo de batalha (a fumaça de pólvora negra dos mosquetes e canhões poderia reduzir a visibilidade a uma questão de meros metros), e respostas táticas ágeis não eram frequentemente uma opção – outra razão pela qual formações formulaicas foram adotadas.

Outros dois fatores principais, ou pelo menos aspirações, dos exércitos dessa época eram profissionalismo e disciplina. Servir no exército se tornou uma carreira para muitos e tinha um movimento contínuo em relação à liderança meritocrática, embora um que se diferenciava em ritmo e período de acordo com o exército nacional. (A maioria dos marechais de Napoleão, por exemplo, crescia com base no mérito, dando origem à fala de Napoleão que "Todo soldado francês carrega um bastão de marechal em sua mochila."). Estados formaram exércitos de tamanho monumental através de conscrição e recrutamento voluntário, mas aqueles abaixo da posição de oficial eram tipicamente os elementos mais rudes da sociedade. Moldá-los em uma força de luta eficaz, e uma capaz de permanecer em formação sob fogo ardente do ar, era o resultado típico do mais cruel castigo. Em ambos os serviços de exército e naval, infrações eram desencorajadas por um espectro de punições, indo desde serviços punitivos simples até flagelação e execução. Adicione morte e ferimentos violentos em batalha, comida escassa, saneamento horrível e a presença de doenças (que na campanha invariavelmente matou mais que na batalha), e a vida de um soldado na campanha era geralmente uma não muito agradável. As dificuldades sofridas pelos homens de uma idade para a qual estoicismo era uma configuração predefinida.

TIPOS DE MUNIÇÕES DE CANHÕES

Anterior ao surgimento da artilharia de rifle de retrocarga e projéteis explosivos na segunda metade do século XIX, os tipos primários de artilharia eram como segue:

Pelouro: O tipo mais comum, o pelouro era a clássica bola de canhão sólida. Podia ser usado como artilharia contra matéria para destruir paredes, defesas etc., e também como um projétil contra pessoas. Nas batalhas de infantaria, o pelouro era comumente atirado para que atingisse o solo na frente das fileiras de infantaria, para então saltar na frente de grupos de soldados em um arco baixo e destrutivo. Nas batalhas navais, o pelouro era por vezes aquecido na brasa antes de ser atirado; esse "tiro quente" entrava no navio inimigo e começava um incêndio.

Canister: Essencialmente uma artilharia de espingarda gigante, o canister consistia em um cano fino de aço cheio de pequenas bolas (aprox. 25mm/1 em diâmetro) de ferro cercadas de serragem.

Um cartucho de artilharia para um canhão de 12 libras, que continha um total de 37 peças de tiro de ferro fundido para um efeito devastador de espingarda nas fileiras inimigas.

Quando a artilharia era disparada, a carga de pó rompia o cano, deixando as bolas voarem em um vasto e destrutivo padrão. Foi especialmente projetado para uso contra pessoas.

Metralha: A metralha funcionava de uma maneira parecida com o canister, com múltiplas bolas de tiro colocadas de forma geométrica em sacos de lona, para dar uma dispersão de disparo mais precisa. A metralha era particularmente útil nas batalhas navais para cortar cordames, velas e destruir equipamento naval.

Bomba explosiva: Antes da idade de projéteis altamente explosivos, o cano oco e redondo era preenchido de pólvora e estilhaços e montado com um fusível de queimadura, cortado até a duração de queima desejada. O fusível era aceso pela carga impulsionante no momento da queima, e quando a artilharia explodia, isso geraria estilhaços letais nas proximidades.

No uso naval, outros tipos de artilharia incluíam tiros de barra e corrente, as quais traziam bolas duplas ou extremidades unidas, respectivamente, por uma barra sólida ou o comprimento da corrente. Essas munições eram projetadas para rasgar velas e cordames.

A GUERRA DOS SETE ANOS

A Guerra dos Sete Anos foi conotada como a "primeira guerra mundial" por ninguém menos que o primeiro-ministro britânico Winston Churchill. Essa percepção tem uma justificativa. Lutada entre 1756 e 1763, a guerra teve múltiplos teatros: Europa, as Américas, a África Ocidental, a Índia e as Filipinas, e se estendeu pela maioria das potências europeias e por muitos combatentes além.

De muitas maneiras, faz mais sentido visualizar a Guerra dos Sete Anos como diversos conflitos relacionados, mas largamente separados, unificados pelos combatentes e também pela guerra internacional entre potências navais. A Guerra dos Sete Anos no teatro da América do Norte é conhecida localmente como a Guerra Franco-Indígena. Pela metade do século XVIII, a França estava largamente em controle do Canadá (conhecido como "Nova França"), enquanto o litoral leste do que se tornaria os EUA era governado pelas 13 colônias da Grã-Bretanha. Atrito entre esses dois poderes, e também com os nativo-americanos que o colonialismo europeu tentou substituir, eram de longa duração, com os franceses e os britânicos já em um estado de quase conflito entre a região fronteiriça. A batalha começou realmente em 1754 ao redor do que é hoje Pittsburgh, quando o escaramuçar entre os dois lados se desenvolveu em uma batalha mais substancial. Notavelmente, o oficial no centro da batalha inicial foi ninguém menos que George Washington, nesse período, com 22 anos de idade. Mais tarde, ele se tornou o comandante de rebeldes americanos durante a Guerra de Independência, e, então, o primeiro presidente dos EUA. Nesse período, entretanto, ele foi comissionado oficial na milícia da Virgínia. Enquanto a luta crescia, Washington foi apontado como ajudante de ordens do General Edward Braddock, o comandante chefe britânico na América do Norte.

Primeiramente, foram os britânicos que estavam em desvantagem, sofrendo uma derrota particularmente embaraçosa no Rio Monongahela em julho de 1755, durante a expedição britânica para capturar o Forte Duquesne dos franceses. Em 1756, os britânicos declararam formalmente guerra à França, e em 1757 apoiaram os esforços da Prússia para lutar com a França na Europa Continental. A Inglaterra, sob o comando de um novo primeiro-ministro, William Pitt, começou a desprender tropas e recursos na América do Norte, também reembolsando as colônias americanas pelo custo de levantar tropas.

O investimento começou a valer a pena. Em 1758, um revigorante exército britânico-colonial assegurou vitórias em Louisburg, Forte Frontenac e Forte Duquesne. Então, em setembro de 1759, veio a joia da coroa, quando 8.000 tropas do General James Wolfe capturaram Quebec.

Tal feito aconteceu depois de escalar os 50 metros do Cume de Abraão para fazer um ataque noturno surpresa. Em 1790, Montreal caiu e a ocupação da França na América do Norte foi enfraquecida de forma fatal.

Através do Atlântico, na Europa, a Guerra dos Sete Anos foi, em muitos aspectos, a continuação da precedente Guerra de Sucessão Austríaca. Aquela começou a partir da contestação de status da Silésia, a qual havia sido dada a Frederico, o Grande, da Prússia no Tratado de Aquisgrão. Em agosto de 1756, o exército prussiano de Frederico invadiu a Saxônia, dando início ao conflito no qual a Prússia e Inglaterra se defenderam da França, Áustria, Rússia e diversos outros estados.

Nas batalhas iniciais da guerra, a Prússia teve dificuldade em conseguir vantagens. Frederico se apoderou de Leipzig e Dresden, então cercou Praga em Boêmia, mas foi compelido a deixar o cerco depois de sua primeira grande derrota contra o exército de socorro austríaco em Kolin em junho de 1757. Uma contínua derrota se seguiu contra os russos no Gross-Jägersdorf, em 30 de julho, mas, então, ocorreu uma série de marcos de vitórias prussianas. Em Rossbach, em 5 de novembro, os prussianos derrubaram um exército franco-austríaco de aproximadamente 41.000 homens com apenas 21.000 deles próprios, Frederico superou os oponentes em manobras e armamento para atingir a vitória em apenas 90 minutos, sofrendo 548 causalidades contra 10.150 do lado Franco-austríaco. Os austríacos estremeceram sob outra derrota brutal em Leuthen na Silésia apenas um mês depois, em 6 de dezembro, o que causou a retirada dos austríacos para a Boêmia. Em primeiro de agosto de 1759, um combinado do exército britânico e hanoveriano, liderado pelo Príncipe Ferdinando de Brunswick, também tomou o campo em Minden, usando um carregado de infantaria e uma concentração de fogo de artilharia para quebrar as linhas francesas em volta da cidade. Apesar do grande esforço combativo e de alguns contratempos que estavam diante de Frederico e seus aliados, a aliança Anglo-prussiana prevaleceu contra os inimigos, apesar de que a Prússia estava pagando um preço caro em vidas para tanto.

Durante essa guerra, a batalha surgiu em muitos lugares ao redor do mundo, especialmente se incluídos os teatros navais. Em Quiberon Bay na costa sul da França em 20 de Novembro de 1759, por exemplo, o esquadrão da Marinha Real sob Sir Edward Hawke derrotou uma união da força de invasão francesa, destinada à Inglaterra, com 8 navios franceses ou perdidos ou capturados durante a batalha pelos mares tempestuosos. Bem distante da Europa, em Palasi, em Bengal, Índia, em 23 de junho de 1757, uma força britânica (um exército regular e tropas da Companhia das Índias Orientais) com apenas 3.000 fortes derrotou 55.000 tropas, incluindo uma unidade de artilharia francesa com 50 armas, na Nawab, em Bengal, parcialmente pelas táticas vigorosas de Clive e também porque muitos dos oficiais de Nawab haviam secretamente mudado sua lealdade aos britânicos. Essa vitória assegurou Bengal para os britânicos, e dentro de 100 anos eles dominaram toda a Índia.

A Guerra de Sete Anos foi concluída em 1763 com dois tratados assinados em fevereiro daquele ano. A França perdeu todo o leste norte-americano do Mississipi para a Grã-Bretanha, enquanto na Europa continental o status quo de 1748 foi essencialmente restaurado. O resultado mais importante da guerra, no entanto, foi que a Inglaterra era agora vista como a potência naval mais dominante do mundo, enquanto a Prússia poderia, em terra, parecer livre de disputas.

GUERRA DE INDEPENDÊNCIA DOS ESTADOS UNIDOS

A Guerra Americana de Independência (1775-1783) mostrou um ganho surpreendente para o sentimento britânico de confiança militar após a Guerra dos Sete Anos. Em 1775, o ano do início da guerra, a população colonial norte-americana tinha alcançado 4 milhões. Muitos dentre essa população estavam começando a ressentir as taxações e serviços impostos pelos senhores britânicos distantes. Rebeliões e demonstrações de protesto, incluindo o despejo de uma carga de chá de monopólio britânico no porto de Boston em dezembro de 1773, a chamada Festa do Chá de Boston, resultaram no exército britânico atuando em resposta. Uma medida do General Thomas Gage, o comandante supremo britânico, para acabar com armas e pólvora no Condado de Middlesex, Massachusetts, em abril de 1775, levou à derrota surpreendente nas mãos de tropas rebeldes em Lexington e Concord. A vitória sobriamente pírrica em Breed Hill e Bunker Hill ao redor de Boston foi uma prorrogação temporária para os britânicos, e eles foram subsequentemente forçados a evacuar a cidade pelo mar em março de 1776. Escaldados em uma ação mais intensiva, os britânicos trouxeram reforços: em setembro de 1776, General William Howe, o novo comandante supremo das forças armadas britânicas na América, pousou em Nova Iorque com 3.000 reforços, com os quais ele subsequentemente tomou a cidade de Nova Iorque e Filadélfia. À essa altura, os rebeldes haviam formado um Exército Continental, liderado por ninguém menos que George Washington.

Algumas noções sobre essa Guerra Americana de Independência precisam ser clarificadas. A primeira é que esse não foi um conflito entre os americanos e os britânicos, mas foi, ao invés disso, em parte, guerra civil e, em parte, guerra colonial. Muitas forças da milícia americana lutaram como unidades leais aos britânicos, e nativos americanos se encontravam em ambos os lados. A guerra também passou a ter uma dimensão internacional. O esforço de guerra britânico foi apoiado por 16.000 hessianos, tropas alemãs auxiliares, apesar de que alemães foram encontrados em números limitados no lado rebelde também. O que é ainda mais importante é que, em setembro-outubro de 1777, uma grande força britânica sob o General John Burgoyne, ao invadir por baixo do Canadá em uma tentativa de barrar os rebeldes na Nova Inglaterra, tomou perdas progressivas até que, em 17 de outubro, os sobreviventes foram forçados a se render aos americanos. Essa derrota britânica foi um momento decisivo na guerra, não por menos que levou a França, a Espanha e a Holanda a se aliarem à causa americana, particularmente promovendo apoio naval. De fato, o aspecto naval da Guerra de Independência foi lutado longa e vastamente, até com o engajamento entre a nascente Marinha Continental e a Marinha Real se localizando no Mar do Norte fora da Inglaterra em setembro de 1779.

Outro mito sobre a guerra é que os americanos lutaram primariamente com táticas de guerrilha não convencionais: franco-atiradores, manobras e escaramuças. Táticas essas que as linhas regulamentadas dos britânicos "casacos vermelhos" fizeram esforço para lidar. Essa noção tem um elemento significativo de verdade. Em várias batalhas e campanhas, os americanos de fato aplicaram táticas mais abertas e flexíveis para infligir um desgaste contínuo nas unidades britânicas. Na batalha de Cowpens (17 de janeiro de 1781), por exemplo, quase 2.000 americanos sob Brigadeiro Daniel Morgan conseguiram uma envelopada dupla de 1.000 tropas britânicas sob o Coronel Sir Banastre Tarleton. As tropas de Morgan incluíam 500 atiradores conhecidos como "Morgan's Riflemen", especialistas em precisão de fogo com o mosquete estriado. Esses homens, e ainda outros, derrubaram as fileiras britânicas sem piedade, em particular oficiais de mira. No fim, apenas 200 das forças britânicas escaparam. Ainda havia também muitas batalhas convencionais, já que Washington e seus comandantes trabalhavam para trazer o Exército Continental para a ordem profissional do campo de batalha. Isso não era sempre fácil visto a escassez dos americanos em armas, pólvora, dinheiro, comida, roupas e remédios. Nota-se que o Exército Continental era apoiado por um grande número de milícias locais e particulares, de qualidade e recursos variados.

De 1780 em diante, os esforços de guerra britânicos eram em sua maior parte concentrados nas partes centrais e ao sul do teatro. Ambos os lados tiveram suas vitórias e derrotas, mas, em termos gerais, os americanos conseguiam sustentar o esforço de guerra melhor que os britânicos, e a posição colonial se tornou ainda menor. Então, no outono de 1781, um britânico no porto da cidade de Yorktown, Virgínia, foi encurralado pelo exército franco-americano na terra e uma frota francesa no mar. Tendo sido espremido de volta aos perímetros defensáveis, sob fogo da artilharia frequente, e sem alívio em vista, o comandante britânico em Yorktown, General Charles Cornwallis, rendeu suas tropas para Washington em 19 de outubro.

Foi sua derrota que psicológica e praticamente selou a derrota da Inglaterra na Guerra Americana de Independência e, em 1783, a guerra terminou com o Tratado de Paris. Apesar da Declaração de Independência ter sido assinada em 4 de julho de 1776, os EUA eram agora uma nação verdadeiramente livre e soberana.

A REVOLUÇÃO FRANCESA E AS GUERRAS NAPOLEÔNICAS

A Revolução Francesa de 1789 começou com uma cadeia de eventos que não somente transformaram as políticas francesa e europeia, mas também alteraram o modelo central em conflitos intraestatais. Ela também proporcionou condições para a ascensão de um dos maiores comandantes militares na História: Napoleão Bonaparte. Quem, por mais de uma década, se provou invencível em batalha, pelo menos por terra, até que suas forças sofreram uma série de derrotas espetaculares entre 1812 e 1815. Aqui, nós forneceremos um breve arco de ambas as guerras revolucionárias e napoleônicas antes de refletir sobre o porquê de o exército francês ter demonstrado tal força estratégica e tática por tanto tempo e contra tantos inimigos.

A Revolução Francesa de 1789, a qual derrubou a monarquia e aristocracia, pode ter sido um momento de agitação nacional, mas surpreendeu grande parte da Europa. Com receio de um contágio antimonarquista, vários Estados europeus começaram a se preparar para lutar contra a França, e, em abril de 1792, a França declarou guerra à Áustria e à Prússia. A despeito da natureza caótica e desorganizada do exército revolucionário nesse estágio (ele havia perdido muitos dos seus oficiais, que eram comumente de origem nobre), ele era considerável e altamente motivado, com um excelente braço de artilharia. Ele até

Retrato do tenente-general Jean-Baptiste Vaquette de Gribeauval, que racionalizou e melhorou muito o sistema de artilharia francês durante o século XVIII, com novos tipos de métodos de produção de artilharia e tipos padronizados.

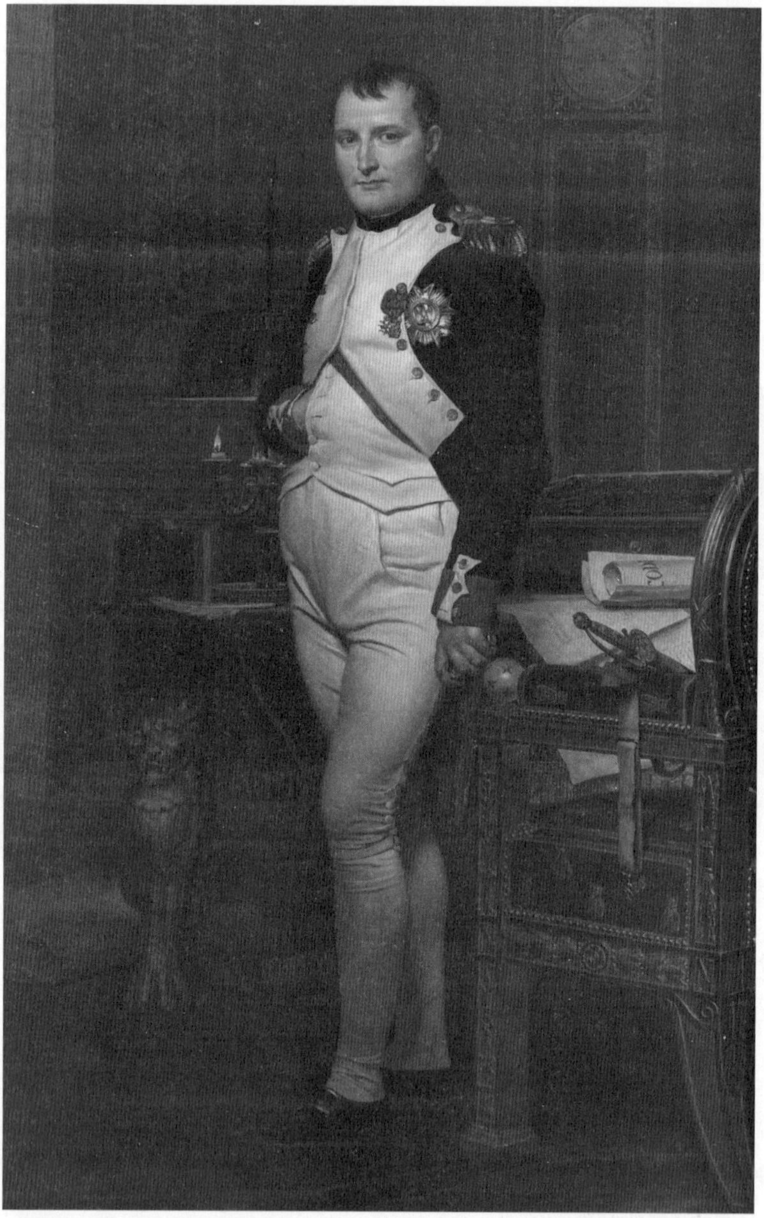

Um retrato de Napoleão Bonaparte. Ele parece jovem nesta obra de arte. Certamente demonstrou uma capacidade para conquistar rapidamente – foi nomeado imperador da França com apenas 34 anos.

derrotou o exército prussiano na Batalha de Valmy em 20 de setembro de 1792. Pouco tempo depois disso, a França se autodeclarou uma República (outra decisão política escandalosa aos olhos dos governantes europeus) e, então, em janeiro de 1793, o Rei Luís XVI foi executado.

Esses eventos engatilharam o que ficou conhecido como a Guerra da Primeira Coalizão, na qual a Alemanha, a Áustria, a Prússia, a Grã-Bretanha, a Espanha, Portugal, os Países Baixos, Sardenha, Nápoles e as diversas províncias italianas se juntaram coletivamente contra a França. Essa foi a primeira de seis coalizões contra as quais a França lutaria entre 1793 e 1813, com a composição das alianças variando pelo tempo. Pela maior parte, a França era quase indomável no campo de batalha, desproporcionalmente ganhando mais batalhas que perdendo.

Em 1793, o comitê francês de Segurança Pública declarou um levée en masse: um programa de recrutamento nacional que reunia um vasto exército civil de soldados amadores. Aqui estava um novo modelo para conflitos, a ideia de que todos os cidadãos estavam envolvidos na defesa da nação. A lei de recrutamento dizia que: "Homens jovens devem lutar; homens casados devem fazer armas e transportar suprimentos; mulheres farão tendas e roupas e servirão em hospitais; crianças devem fazer bandagens com tecidos velhos; homens velhos serão carregados para praças públicas para fazer discursos inspiradores aos soldados para pregar ódio contra os reis e para declarar a unidade da República." Essa era uma visão, com efeito, de guerra total, na qual todos os recursos da sociedade foram direcionados à vitória militar. Sob as reformas de Lazare Nicolas Carnot, conhecido como "Organizador da Vitória", essa força incrédula tomou forma, disciplina e eficiência administrativa, o que, combinado com sua motivação geralmente alta e excelente liderança, a transformou em uma força vitoriosa de guerra.

Apesar de que o crédito por essas vitórias deve ser dado a muitos marechais que comandaram exércitos franceses, figuras eminentes como Louis Nicholas Davout, Jean Lannes e Nicolas Soult, há um homem em particular que fez da França, por um tempo, a superpotência militar incomparável da Europa: Napoleão Bonaparte.

Nascido em Córsega em 1769, Napoleão se submeteu a uma educação militar na França, se especializando em artilharia. Ele se distinguiu do novo regime francês ao suprimir revoltas nas ruas de Paris em 1798, depois de ter passado por uma série de vitórias brilhantes na Itália, como comandante do exército em 1796-1797. O momento impulsionante dele prosseguiu quando ele liderou em seguida uma força expedicionária contra os britânicos no Egito, capturando Alexandria e Cairo com pouco tempo de diferença. A vitória do Almirante Horatio Nelson em cima da frota de invasão francesa na Baía de Aboukir, também conhecida como a Batalha de Nile, em agosto de 1798, prendeu os franceses no norte da África e limitou a campanha. Napoleão, no entanto, voltou à França em agosto de 1799 e liderou um golpe de estado que o trouxe ao poder político como Primeiro Cônsul. A subsequente genialidade militar que ele demonstrou, além da sua astuta maneira de lidar com a nova política da França, o levou a ser declarado Cônsul Vitalício em 1802. E então, em 1804, o Imperador da França. O país foi efetivamente de uma república a uma ditadura.

A vida de Napoleão e suas campanhas militares resistem a um pequeno resumo. Um indicador de sua genialidade militar, no entanto, é que ele individualmente liderou cerca de 70 batalhas no decorrer da vida, contra a maioria de estados poderosos na Europa, e com oito exceções (ainda, algumas delas cruciais) ele quase ganhou todas elas. As batalhas marcantes incluem: Marengo (1800), Austerlitz (1805), Jena (1806), Wagram (1809) e Borodino (1812), mas a lista continua. Esses confrontos eram frequentemente de enorme escala; na Batalha de Wagram, por exemplo, lutaram pelo noroeste de Viena os franceses e os austríacos. Foram trazidos 250.000 homens para o campo de batalha, onde eles lutaram por dois dias (5 e 6 de julho) e às custas de aproximadamente 80.000 mortos.

Há uma multitude de razões pelas quais Napoleão conquistou esse nível de vitórias. Pessoalmente, ele era um comandante agressivo e inteligente com um apreço pela ação ofensiva: seus inimigos eram frequentemente surpreendidos quando as tropas de Napoleão realizavam marchas difíceis de longas distâncias para ganhar vantagem nas manobras. Ele era habilidoso em identificar pontos fracos nas linhas de batalha inimigas e talentoso em aplicar a infantaria e a cavalaria no momento certo. Era inovador com suas formações de guerra ao aplicar a ordre mixte, brigadas em filas alternadas entre colunas e linhas, para combinar poder de fogo e movimento, com primazia. Ele movia seus exércitos em battalion carré, posicionando as divisões para que eles pudessem se virar, mover e atacar em quase todas as direções com um momento de percepção. Napoleão tinha a vantagem de um braço de artilharia francês excelente; como um homem da artilharia, ele tinha o conhecimento técnico para manuseá-lo eficazmente. Sua magnífica memória significava que ele também tinha um olho bom para logística, apesar da maioria de suas campanhas dependerem da busca por comida da parte do exército da área ao seu redor.

E ainda apesar da sua genialidade, Napoleão poderia ser superado e, por fim, derrotado, e estava suscetível a erros. A sua primeira maior derrota em terra veio na Batalha de Aspern-Essling em maio de 1809, e sua guerra na Península Ibérica (1807-1814), na qual a França enfrentou conflitos de guerrilha, além de um exército Anglo-português sob o comando do talentoso Sir Arthur Wellesley, Duque de Wellington, ter se mantido um espinho extenuante do lado francês do esforço de guerra. A França estava impossibilitada de continuar no controle dos mares em frente à confiante Marinha Real.

Em junho de 1812, Napoleão começou uma de suas campanhas mais desastrosas, quando liderou um exército de 600.000 homens em uma invasão à Rússia. Apesar dos franceses terem atingido Moscou, derrotando o exército russo em Borodino pelo caminho, a capital estava aparentemente deserta e carente de suprimentos, e muito do que possuía foi queimado em um incêndio subsequente. O exército exausto de Napoleão teve, então, que regressar centenas de quilômetros de volta para o Oeste, através dos terrores dos graus negativos do inverno russo e dos ataques constantes dos saqueadores russos. Somente 20.000 dos seus homens conseguiram retornar. Criticamente enfraquecido, o exército de Napoleão foi subsequentemente derrotado na grande Batalha de Leipzig (16-19 de outubro de 1813), a maior batalha na Europa antes da Primeira Guerra. Foi uma derrota que levou à abdicação de Napoleão e exílio na ilha italiana de Elba em abril de 1814.

Esse não foi o ato final de Napoleão, contudo. Em 1815, Napoleão deixou Elba com seu guarda-costas, voltou à França, e tomou a posição de imperador mais uma vez, levando um exército leal a ele. Contudo, sua volta a esse estágio mundial foi enfaticamente esmagada por um exército anglo-prussiano, as forças britânicas lideradas por Wellington, e as prussianas, pelo Comandante Gebhard Leberecht von Blücher, na Batalha de Waterloo em 18 de junho de 1815. Dessa vez não teria saída para Napoleão: ele estava aprisionado na ilha remota do Atlântico do Sul chamada Santa Helena, onde ele morreu em 1821.

AÇO, FUMAÇA E FOGO

Além das Guerras Napoleônicas, o século XIX foi um período no qual conflitos ficaram sujeitos a outros daqueles saltos para frente, primordialmente em termos de tecnologia e armamento, mas com efeitos de golpes críticos no pensamento tático e estratégico. No coração dessas mudanças ocorreu a revolução do poder de fogo. O sistema de pederneira, que serviu os exércitos bem por mais de dois séculos, estava demonstrando sua idade e suas limitações. Desde o início dos anos 1820, foi dada uma série de passos técnicos fundamentais para o projeto de armas de fogo. Primeiro veio a estopilha, aproximadamente em 1814, uma pequena tampa de metal preenchida com um composto químico detonado por impacto, o que, por fim, veio a substituir a pedra quanto ao sistema de ignição mais confiável nas armas de infantaria. (Nota-se que com todas essas invenções, geralmente levava um tempo considerável para que a invenção se tornasse

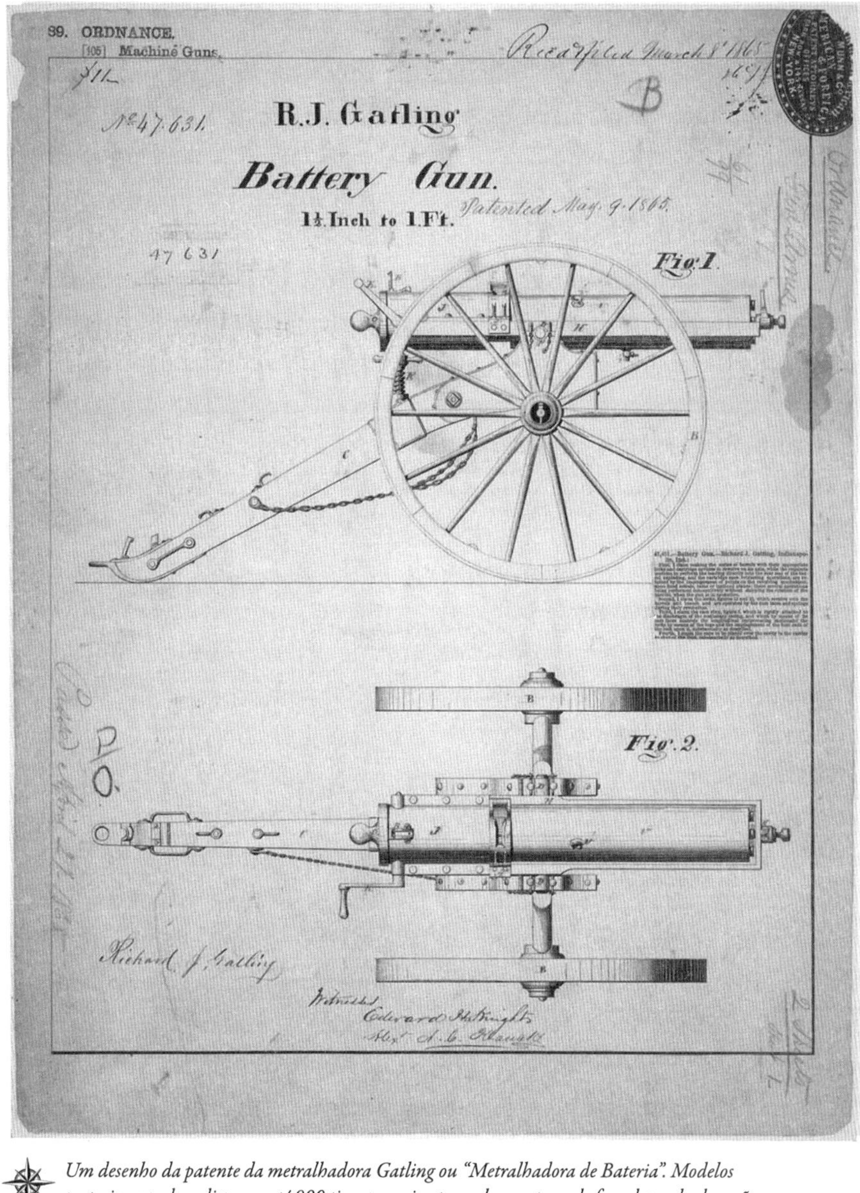

Um desenho da patente da metralhadora Gatling ou "Metralhadora de Bateria". Modelos posteriores podem disparar até 900 tiros por minuto, embora a taxa de fogo dependa do quão rápido o operador é para acioná-lo.

vasta em uso, particularmente em meio às forças armadas que tinham que produzir e comprar novas armas em grandes volumes, além de investir no treinamento necessário.) Em 1836, o americano Samuel Colt patenteou uma arma de mão de revólver, uma arma de espoleta e bola com cinco calibres, que dava cinco tiros rápidos com cinco acionamentos de gatilho em uma única arma. Em 1846, o francês Claude-Etienne Minié inventou a Bala Minié para uso com mosquetes estriados.

As estrias, ranhuras em espiral postas dentro do calibre da arma de fogo, transmitem estabilização giroscópica para uma bala, com melhorias incríveis em precisão quando comparados com armas de alma lisa, visto que elas levavam mais tempo para carregar. Nesse cenário, a bala tinha que ser um encaixe perfeito para assegurar que engravara nas estrias durante o disparo, e isso atrasava o tempo de carregamento. A bala Minié, no entanto, foi projetada para entrar rapidamente para dentro do cano, então sua base expandia no disparo para se agarrar às estrias. Com essa invenção (confessadamente, ela inspirou e possibilitou outras), armas estriadas se tornaram um lugar comum no campo de batalha. De fato, elas iam substituir inteiramente balas lisas durante a segunda metade do século XIX.

Mas a mudança definidora das armas foi a invenção da unidade de cartucho, o que significou que o pó, o detonador (o meio da ignição) e a bala/projétil eram postos em um único lugar acessível, carregado via a culatra da arma, não pelo focinho. A importância dessa invenção, que começou em Paris em 1808 com o armeiro suiço Jean Samuel Pauly, o qual trabalhou com o armeiro francês François Prélat, mas que foi desenvolvido por outros, não pode ser negada. Armas com o carregamento pela culatra e a unidade de cartucho começaram a surgir nos anos 1830, primeiramente com cartuchos de papelão e papel, mas, mais tarde, com estojos de metal. Esses cartuchos, juntamente com o novo sistema de armazéns e ação de carregamento, e com os projéteis precisos pelos estriamentos, produziram novas gerações de armas de fogo que eram de disparo rápido, com precisão de centenas de metros e muito confiáveis. Em 1841, os prussianos adotaram o Fuzil Dreyse como a arma de infantaria padrão. Essa é uma arma estriada com ação de ferrolho que consegue disparar seis ou mais rodadas por minuto. A ausência de um focinho também significa que o soldado pode disparar sua arma por trás da cobertura ou de uma posição propensa. No final do século, todos os exércitos modernos do mundo estavam equipados com armas estriadas (rifles) de ferrolho muito melhores que o Dreyse, como a espingarda alemã Gewehr 98 e a britânica Lee–Enfield. Ademais, propulsores modernos de alta performance "sem fumaça" tinham substituído a pólvora comum, com um efeito transformador no poder e na confiabilidade das armas de fogo.

A arma de fogo de carregamento pela culatra e alimentada por cartucho atingiu seu apogeu no século XIX com a invenção das primeiras metralhadoras. Os marcos a esse respeito foram a metralhadora Gatling com manivela de vários canos, inventada pelo americano Richard Gatling e patenteada em 1862; e a Metralhadora Maxim alimentada por correia de 1884, acionada por recuo, disparando até 600rpm. Mas a artilharia também havia se transformado nessa época. As peças de artilharia raiadas e carregadas pela culatra fizeram sua primeira aparição na década de 1830 e substituíram o canhão de carregamento pela boca à medida que o século avançava. Como suas relações menores de armas de fogo, a artilharia de carregamento pela culatra era de carregamento rápido (também foi adotada munição unitária para suas peças de campo menores) – uma equipe bem lubrificada de uma arma de campo francesa Matériel de 75mm Mle 1897, por exemplo, poderia disparar 15-30rpm no índice de explosão. Os alcances foram constantemente estendidos, para que um obus típico da virada do século pudesse chegar a um alcance máximo de 7 a 10km. Além disso, peças de artilharia no final do século XIX e início do século XX agora disparavam projéteis cheios de compostos altamente explosivos, tornando a artilharia uma arma com verdadeiros "efeitos de área" – ou seja, destruição em uma ampla área. Na guerra terrestre, todas essas invenções serviram para tornar o campo de batalha um espaço cada vez mais letal. Ficar exposto, imóvel e visível convidava à destruição. Em resposta incremental, as táticas de infantaria começaram a se concentrar mais em formações abertas e manobras mais rápidas, em vez de linhas de soldados compactados. Os uniformes tornaram-se menos ostensivos e de cores mais suaves; cáqui, verde-oliva e cinza campo, e suas variações sutis, tornaram-se quase uniformes padrão no final do século. Por causa do risco de fogos de precisão e munições altamente explosivas, a infantaria também se tornou mais hábil em cavar trincheiras defensivas e estabelecer fortificações de campo; aqui foi o início da guerra de trincheiras que definiria a Primeira Guerra Mundial.

METRALHADORA MAXIM

A Metralhadora Maxim oferecia níveis de poder de fogo de infantaria no final do século XIX que ainda são respeitados no campo de batalha hoje. Foi inventada pelo britânico nascido nos Estados Unidos Hiram Stevens Maxim em 1884. Maxim era na verdade um inventor geral - outras invenções incluem uma ratoeira, uma bomba de vapor e utensílios para frisar o cabelo - mas ele aparentemente foi inspirado a desenvolver uma arma depois que um sócio disse "Pendure sua química e eletricidade! Se você quer ganhar muito dinheiro, invente algo que permita a esses europeus cortar a garganta uns dos outros com maior facilidade." Assim ele fez com a Metralhadora Maxim. O princípio revolucionário por trás da arma era que ela usava a força do recuo para acionar a arma automaticamente durante seu ciclo de operação; tudo o que o usuário tinha que fazer para disparar a arma alimentada por cinto a uma taxa cíclica de 550-600rpm era segurar o gatilho - uma das primeiras demonstrações de marketing de Maxim era cortar uma grande árvore com fogo de metralhadora. A Metralhadora

Maxim mudou profundamente a guerra, dando a uma equipe de metralhadoras de dois ou três homens o poder de fogo de uma companhia inteira de soldados armados com rifles.

No mundo das comunicações, a guerra também começou seu avanço para a era moderna. O advento do telégrafo elétrico e do cabo, uma vez aplicado à guerra, significou que as comunicações entre campos nacionais e, finalmente, internacionais se tornaram possíveis, reduzindo o tempo da tomada de decisões estratégicas de muitos dias ou semanas (o tempo necessário para levar uma mensagem a pé, cavalo ou navio) a meros minutos. Na linha de frente, o crescente uso de telefones de campo no final do século XIX prenunciava o fim das comunicações visuais, como semáforos e heliógrafos. No nível estratégico, uma das criações não-militares mais significativas da revolução industrial foi o trem a vapor e a simultânea expansão da rede ferroviária pela Europa, pelas Américas e, finalmente, pelo mundo. As ferrovias forneciam a capacidade de transportar milhares de tropas e toneladas de suprimentos de maneira rápida e coordenada para campos de batalha distantes, sem as dificuldades biológicas advindas do movimento a cavalo e a pé. A par com o impacto da ferrovia, em relação com a tecnologia a vapor, foi a invenção do navio a vapor. Navios a vapor a carvão, feitos de aço em vez de madeira, cruzavam os mares e oceanos do mundo nas décadas de 1820 e 1830. Navios de guerra "Ironclad" começaram a aparecer na segunda metade do século XIX. Livres de velas e capazes de viagens globais (pelo menos em etapas frequentes entre portos de carvão), esses navios de guerra podiam agora manobrar com liberdade quase ilimitada e recebiam artilharia pesada de carga pela culatra, muitas vezes montada em torres giratórias. A blindagem de navios também se tornou mais substancial, para melhorar a capacidade de sobrevivência dos navios de guerra contra os modernos projéteis altamente explosivos, e instrumentos de direção de fogo mais sofisticados significavam que os tiroteios poderiam ser travados em bordas opostas do horizonte. O apogeu do desenvolvimento de navios de guerra durante este período foram os encouraçados do início do século XX. Esses navios potentes, eriçados com canhões pesados de calibre 305mm ou mais, deslocando mais de 20.000 toneladas longas e com complementos de mais de 700 oficiais e homens, eram gigantes dos mares, a vanguarda das frotas nacionais. Devemos notar, no entanto, que o século XIX também viu os primeiros passos brutos em um tipo de navio de guerra naval que acabaria por ser a ruína do encouraçado: o submarino.Aqui chegou a era da guerra "industrial". A guerra agora não era travada apenas no campo de batalha, mas também nas fábricas e plantas industriais (também movidas a vapor), que eram capazes, através de processos de fabricação padronizados, de produzir armas e material militar em volumes sem precedentes. Acrescente o surgimento do motor de combustão interna, que ao lado do transporte civil também produziu os primeiros veículos blindados da história, e os antigos modos de guerra estavam destinados à rápida obsolescência.

AS MAIORES GUERRAS REGIONAIS, 1850-1914

O período de 1850 a 1914 é outro período complexo na história da guerra. Para ter uma noção de como as mudanças acima afetaram o campo de batalha real, direcionamos nosso foco para três dos principais conflitos desse período – a Guerra Civil Americana, a Guerra Franco-Prussiana e a Guerra Russo-Japonesa – antes de tomar uma visão geral da multidão de "pequenas guerras" que floresceram nesta época beligerante.

A Guerra Civil Americana (1861-1865) começou em abril de 1861, quando a artilharia confederada disparou contra a União em Fort Sumter, no porto de Charleston. ("Confederados" refere-se ao exército dos estados do Sul que queriam se separar dos EUA, enquanto o exército "União" era o do governo federal.) O que começou como uma disputa referente à escravidão e às diferenças entre as economias do Norte e do Sul se tornou uma conflagração que matou mais de 620.000 pessoas. A guerra foi

O general Ulysses S. Grant na verdade se demitiu do serviço militar quando a Guerra Civil Americana eclodiu em 1861, mas voltou e serviu com tanta distinção que foi nomeado comandante-chefe do Exército da União em 1864.

travada na maior parte do leste e centro dos EUA, território dividido em vários subcampos. No papel, e, de fato, na realidade, o Norte tinha muitas vantagens em relação ao Sul. Sua população era maior, o que por sua vez o levou a formar um Exército da União de 2,8 milhões de homens – o Sul tinha 1,1 milhão. O Norte tinha capacidade industrial muito maior para produzir material de guerra essencial, além de se basear nas vantagens de distribuição de redes rodoviárias e ferroviárias mais extensas. O Sul lutava continuamente para atender às necessidades de seu exército, com falta de armas, pólvora, uniformes e até sapatos. A situação foi agravada para o Sul, pois o Norte teve supremacia naval durante a guerra e, assim, conseguiu impor um bloqueio aos portos do Sul. No entanto, apesar da evidente disparidade entre os dois lados, a União lutou por quatro longos anos para alcançar sua vitória, contra um exército do Sul com poucos equipamentos, mas com muita motivação. Ambos os lados embarcaram em campanhas ofensivas, que produziram uma série contínua de batalhas campais e desgaste de ambos os lados. Em 1861-1863, os confederados, particularmente sob o comando de seu notável comandante Robert E. Lee, muitas vezes tiveram a União em desvantagem com vitórias como a Primeira Corrida de Touros (21 de julho de 1861), as Batalhas dos Sete Dias (25 de junho a 1 de julho de 1862), Fredericksburg (13 de dezembro de 1862) e Chancellorsville (30 de abril a 6 de maio de 1863). Mas com cada vitória confederada vieram mais corpos adicionados a uma pilha de perdas insustentáveis; foi notável que depois de muitas vitórias no campo de batalha, os confederados geralmente não tinham força para fazer uma operação de perseguição. Então, de 1 a 3 de julho de 1863, o Exército da Virgínia do Norte de Lee sofreu um grave golpe corporal na Batalha de Gettysburg. Essa derrota, infligida pelo Exército do Potomac do general George G. Meade, custou aos confederados 28.000 baixas; a União sofreu 23.000 baixas, tornando Gettysburg a batalha mais sangrenta em solo americano.

A derrota em Gettysburg e a queda de Vicksburg – uma fortaleza confederada sitiada desde maio – em 4 de julho, deram início à queda do esforço de guerra confederado. O general da União Ulysses S. Grant, comandante em chefe desde 1864, impôs uma campanha inabalável de desgaste ao sul, embora os confederados tenham permanecido desafiadores até o fim, especialmente em posições defensivas. Em 9 de abril de 1865, no entanto, o exército destroçado de Lee foi forçado a se render, e a última capitulação das forças confederadas ocorreu em junho seguinte.

A guerra civil americana abarcou o velho e o novo. Juntamente com os tradicionais canhões de cano liso, ondas de fogo de mosquete e cargas de baioneta gritantes eram formas mais modernas de guerra: uso de rifles de repetição, como os Sharps; defesas sofisticadas de trabalho de campo com artilharia posicionada; o uso extensivo de minas terrestres de pólvora negra; os primeiros navios de guerra "monitorados" lutando entre si na Batalha de Hampton Roads (8 a 9 de março de 1862); e as primeiras missões de combate dos primeiros submarinos, o submarino confederado H.L. Hunley afundando a chalupa USS Housatonic no porto de Charleston em 17 de fevereiro de 1864. A guerra moderna não tornou o conflito mais higiênico, no entanto; a população civil do país sofreu tanto quanto os soldados no campo de batalha durante esses terríveis quatro anos.A um oceano de distância da América do Norte, a Guerra Franco-Prussiana (1870-1871) foi muito diferente da Guerra Civil Americana no contexto estratégico – foi desencadeada por uma disputa entre a Prússia e a França pelo trono espanhol vago – mas viu alguns ingredientes semelhantes em termos de combate, além de contrastes notáveis. Um ponto de interesse imediato é que ambos os lados estavam agora armados com rifles de ferrolho: os franceses com o Chassepot de 11mm e os prussianos com a Dreyse Needle Gun (o rifle francês era na verdade a arma superior). Os franceses também trouxeram para o campo a mitrailleuse, uma "arma de voleio" de 25 canos – uma progenitora da metralhadora – montada em uma carruagem com rodas como uma peça de artilharia. Ambos os lados também tinham artilharia de campo e de cerco moderna, embora nesta guerra as peças prussianas e suas técnicas de artilharia tivessem a vantagem. Foram os franceses que declararam guerra à Prússia, em 19 de julho de 1870. O imperador francês, Napoleão III, estava altamente confiante na vitória, mas desde o início foram os prussianos, sob seu comandante-chefe general Helmut von Moltke, que levaram a melhor. Uma vantagem fundamental do Exército prussiano residia em seu estado-maior altamente eficiente e profissional, que planejava meticulosa e inteligentemente a mobilização e o desdobramento prussiano. Em particular, usou o sistema ferroviário da Europa para obter o máximo de vantagem, deslocando um grande número de tropas para pontos-chave nas linhas de frente com uma velocidade e coordenação que os franceses não podiam igualar. Os franceses, consequentemente, viram-se continuamente superados. A ala esquerda do exército francês foi empurrada de volta para a fortaleza de Metz, onde ficou essencialmente presa até o final da guerra. Em 1-2 de setembro de 1870, um grande engajamento em Sedan, que envolveu 120.000 soldados franceses e 200.000 alemães, viu os franceses derrotados com perdas maciças, principalmente devido aos implacáveis golpes do fogo de artilharia alemã, que teve um efeito particularmente cruel sobre as cavalarias francesas. A defesa francesa se desfez e Paris se rendeu em 28 de janeiro de 1871. A guerra confirmou a Prússia como a potência suprema na Europa Continental, ao mesmo tempo em que demonstrava a castração da França como potência militar. Planejamento, mobilização eficiente e artilharia – este último ficaria conhecido como o "rei das batalhas" – agora decidiam o resultado da guerra e não do espírito nacional. A Guerra Russo-Japonesa (1904-1905) representa perfeitamente a guerra de estado alcançada pouco antes do início da Primeira Guerra Mundial em 1914. Também mostra os dois lados lutando para entender o significado total das mudanças táticas e tecnológicas, uma luta intelectual que provavelmente não seria totalmente resolvida até os últimos dois anos da seguinte guerra mundial. As origens da guerra estão no desejo do Japão de reprimir o expansionismo militar russo na China e na Manchúria, que, se não controlado, teria dado à Rússia um domínio estratégico no leste da Ásia. Um objetivo-chave para os japoneses era neutralizar a estrategicamente importante Port Arthur ocupada pelos russos na costa da Manchúria. Na noite de 8 a 9 de fevereiro de 1904, o Japão lançou uma grande operação naval e anfíbia contra o porto, onde o Esquadrão do Pacífico da Rússia estava ancorado. Os historiadores notaram que o movimento inicial deste ataque – um ataque surpresa de dez destróieres armados com torpedos contra a frota russa ancorada – sugere a tática usada contra a frota americana do Pacífico em Pearl Harbor em 1941. Embora esse ataque inicial não tenha sido decisivamente bem-sucedido, Port Arthur foi colocado sob um cerco que durou até janeiro de 1905. O combate não foi como os cercos do século XIX. As metralhadoras eram de uso intenso tanto no ataque quanto na defesa; eles infligiram um custo particularmente devastador aos ataques japoneses. As posições das trincheiras, guardadas por arame farpado, proliferaram e foram disputadas com armas pequenas e granadas de mão. Há também evidências de que os japoneses usaram gás venenoso para apoiar alguns de seus ataques.

CARL VON CLAUSEWITZ

Carl von Clausewitz (1780-1831) foi um general prussiano cujas teorias de guerra se tornaram altamente influentes na filosofia militar ocidental e permanecem assim até hoje. Após o serviço nas Guerras Napoleônicas, von Clausewitz trabalhou na Academia Militar de Berlim, onde escreveu sua famosa obra, Vom Kriege (Sobre a Guerra). Neste trabalho, Clausewitz refletiu sobre a natureza do conflito, argumentando contra a noção de que o conflito poderia ser reduzido à razão e apontando para o papel do acaso, emoção e "atrito" - a inevitável problematização até mesmo dos planos mais simples - na determinação dos resultados de guerra. A frase de Clausewitz "A guerra é a continuação da política por outros meios" é um dos mais famosos encapsulamentos de conflito da história.

Os russos resistiram em Port Arthur até sua rendição em janeiro de 1905, quando sofreram 40.000 baixas. Os japoneses na verdade sofreram 60.000 baixas durante a batalha, uma perda maior, mas mesmo assim os japoneses se estabeleceram no ritmo da vitória. Na Manchúria, os japoneses venceram batalhas em Fuhsien e Liaoyang em 1904 e em fevereiro-março de 1905 venceram a imensa Batalha de Mukden, que durou três semanas, na qual lutaram contra cerca de 600.000 homens. A guerra teve confrontos igualmente impressionantes no mar, incluindo uma das primeiras grandes ações de frota entre navios de guerra modernos. Esta batalha, travada no Estreito de Tsushima de 27 a 28 de maio, foi conduzida em grande escala – os japoneses tinham quatro navios de guerra e 27 cruzadores contra 11 navios de guerra russos e 20 outros navios de guerra variados. O habilidoso almirante japonês, Tōgō Heihachiro, superou completamente a frota russa (os navios de guerra japoneses tinham velocidade, poder de fogo e padrões de treinamento de artilharia superiores) e afundou 21 navios russos, capturando outros seis. Dada a escala de suas repetidas derrotas, a Rússia retirou-se da Manchúria pouco depois. A Guerra Russo-Japonesa foi cuidadosamente estudada pelos líderes militares europeus em suas consequências, pois formou um modelo inicial do modo moderno de guerra, tanto em terra quanto no mar. A artilharia foi confirmada como o braço decisivo, auxiliado por novas práticas, como ter observadores avançados controlando o fogo de artilharia além do alcance visual usando um link telefônico de campo direto para as baterias. Na guerra de infantaria, a metralhadora mudou profundamente a experiência da infantaria e também colocaria alguns dos últimos pregos no caixão da cavalaria montada. Essa batalha apontava para uma verdade emergente: a vitória geralmente iria para o lado que vencesse a batalha pela superioridade do fogo.

PEQUENAS GUERRAS

Além dos principais conflitos estudados neste capítulo, houve uma infinidade de conflitos travados em outras partes do mundo de magnitudes variadas, muitos para listar aqui, quanto mais analisar. A Grã-Bretanha, por exemplo, atingiu o auge de sua força imperial durante o reinado da rainha Vitória (1837-1901) e, no início do século XX, o Império Britânico cobria quase um quarto da massa terrestre do mundo. Inevitavelmente, portanto, a Grã-Bretanha se viu envolvida em inúmeras lutas coloniais ao redor do mundo, especialmente na África, Oriente Médio e Índia. Também travou uma grande guerra, aliada à França e aos turcos otomanos, contra os russos na Crimeia entre 1853 e 1856, conflito desencadeado pelo expansionismo russo à medida que o Império Otomano enfraqueceu. Durante a guerra, uma nova geração de soldados britânicos experimentou alguns dos maiores combates desde as Guerras Napoleônicas, com nomes como Alma, Inkerman, Balaclava e Sebastopol entrando para a história do regimento. A Batalha de Balaclava em 25 de outubro de 1864 foi a batalha em que a Brigada Ligeira de cavalaria, comandada pelo tenente-general James Thomas Brudenell, 7º Conde de Cardigan, fez sua fútil investida sangrenta morro acima contra uma bateria de canhões russos, que mais tarde seria imortalizado em "Alfred", no poema narrativo de Lord Tennyson "The Charge of the Light Brigade". O conflito custou meio milhão de vidas antes que os termos de paz fossem acordados. No entanto, estimulou a modernização de várias práticas militares, como melhorias na medicina militar (pioneira pela enfermeira britânica Florence Nightingale) e o uso de comunicações telegráficas. Foi também o primeiro conflito a ser coberto significativamente por jornalistas de guerra e inclui alguns dos primeiros exemplos de fotografia de guerra. Na maioria dos casos de conflitos menores, a Grã-Bretanha tinha completa superioridade tecnológica sobre os povos originários, incluindo poderosos rifles de ação de alavanca, como os .577/450 Martini-Herny e Metralhadora Maxim, que representavam um peso terrível nos inimigos armados principalmente com lança, escudo e espada. Mas a escala do império fez com que muitas forças britânicas se vissem travando batalhas isoladas contra inimigos numericamente superiores. Durante a Guerra Anglo-Zulu de 1879, por exemplo, mais de 1.600 soldados britânicos foram massacrados por 22.000 guerreiros Zulu na Batalha de Isandhlwana em Natal, África do Sul, em 22 de janeiro. O mesmo resultado quase ocorreu em Rorke's Drift,

Tropas americanas levantam seus capacetes em comemoração ao receberem a notícia da rendição das forças espanholas em Santiago de Cuba em 1898, um dos atos finais da Guerra Hispano-Americana.

nas proximidades, de 22 a 23 de janeiro, mas apenas 149 homens lutaram contra 4.000 zulus em uma ação defensiva magistral, que muitas vezes era conduzida corpo a corpo. Nas Guerras dos Bôeres (1880–1881 e 1899–1902), o exército britânico lutou contra um inimigo muito diferente, os bôeres do sul da África, principalmente fazendeiros com talento para tiro preciso, equitação habilidosa e um estilo de guerra de guerrilha que os britânicos acharam difícil de combater. Apenas os maiores recursos econômicos da Grã-Bretanha e a imposição de medidas duras à população civil – incluindo o uso de campos de concentração – acabaram levando os bôeres à rendição em 1902. Outros campos animados para as "pequenas guerras" da Grã-Bretanha foram a Índia e o que é hoje o Afeganistão. Neste último, a Grã-Bretanha sofreu um desastre militar épico, quando em 1842 uma coluna britânica de 16.000 pessoas (4.500 soldados, e o restante, civis) tentou marchar durante o inverno de Cabul a Jalalabad e foi destruída durante sete dias por ataques predatórios de tribos afegãs. Tal foi a extensão da catástrofe que apenas um soldado britânico e alguns sipaios indianos chegaram a Jalalabad. Na Índia, a Grã-Bretanha travou várias guerras regionais antes de sua colônia estar segura, especificamente a Primeira (1845-1846) e a Segunda (1848-1849) Guerras Sikh e a Rebelião Indiana em 1857-1858, que incluiu o cerco de seis meses dos britânicos em Lucknow pelas forças indianas, cujo alívio (conquistado em novembro de 1857) tornou-se uma causa célebre na sociedade britânica da época.

Longe dos territórios imperiais britânicos, o resto do mundo também conheceu pouca paz prolongada. Os EUA derramaram sangue em inúmeras campanhas dentro de seus territórios contra os desafortunados nativos americanos, que foram derrotados em batalha ou espremidos em reservas. Após a anexação do Texas do México em 1845, a Guerra Mexicano-Americana de dois anos (1846-1848) terminou em uma derrota para o México e a expansão territorial dos EUA no sul e sudoeste. No final do século, os EUA travaram a Guerra Hispano-Americana de 1898, um conflito que trouxe vitórias de campanha dos EUA nas Filipinas, Cuba e outros lugares. Durante os anos seguintes, muitas guerras foram travadas na América do Sul, libertando as nações do domínio espanhol, embora em seu lugar tenham vindo muitas outras guerras civis e estatais. A Guerra do Paraguai de 1865 a 1870, por exemplo, foi o conflito mais sangrento da América Latina, travado entre o Paraguai e uma aliança da Argentina, Brasil e Uruguai. Esta guerra horrível resultou na morte de cerca de 40% da nação do Paraguai, que foi totalmente derrotada. Os séculos XIX e XX, como vimos, demonstraram mais uma vez os instintos aparentemente naturais da humanidade para gerar novas guerras, muitas vezes após as antigas. Mas em 1914-1918, e mais uma vez em 1939-1945, quase o mundo inteiro, literalmente, seria mergulhado em um conflito global, como nunca havia sido visto na história do mundo.

CAPÍTULO 5
AS GUERRAS MUNDIAIS

Ao que hoje nos referimos como Primeira Guerra Mundial (1914-1928) e Segunda Guerra Mundial (1939-1945), foram, indiscutivelmente, os eventos militares mais significativos na história. Elas alavancaram a maior parte do planeta em uma "guerra total", transformando ou consumindo milhões de vidas e torrando nações inteiras.

Comparativamente à escala do que estava por vir, a Primeira Guerra Mundial foi engatilhada por um ato de violência relativamente pequeno. Em 28 de junho de 1924, um jovem nacionalista bósnio, Gravilo Princip, disparou dois tiros de pistola no carro real que carregava o arquiduque austro-húngaro Francisco Ferdinando e sua esposa, ambos os quais subsequentemente morreram por seus ferimentos. Esse evento, que é parte de uma resistência balcânica para o poder do Império austro-húngaro, engatilhou uma sequência de efeito bola de neve de resultados políticos que levou o mundo às chamas. Os grandes impérios da Europa: Inglaterra, França, Alemanha, Império austro-húngaro, Rússia e Itália, que estavam bem militarizados e a um passo da guerra, colapsaram dentro da guerra propriamente dita quando as inimizades e alianças apareceram. A Áustria-Hungria declarou guerra à Sérvia em 28 de julho de 1914; a Rússia, como protetora da Sérvia, se mobilizou, o que levou a Alemanha a declarar guerra à Rússia em primeiro de agosto. A República Francesa, em simpatia pela Rússia e Sérvia, entrou em conflito contra a Alemanha em 3 de agosto. O Império Britânico se juntou ao conflito no dia seguinte, no dia em que a Alemanha transformou a guerra de gritos em uma guerra de armas ao invadir a Bélgica, visto que tinha uma aliança com a França e um comprometimento com manter a neutralidade da Bélgica.

PRIMEIRA GUERRA MUNDIAL

Nesse impulso impiedoso, o conflito em expansão carecia de combatentes, o que transformou uma guerra europeia em uma guerra mundial. O Japão declarou guerra à Alemanha e à Áustria-Hungria em 23 e 25 de agosto de 1914, respectivamente. Em outubro, os búlgaros se aliaram aos alemães, e, em novembro, o Império Otomano fez igual. Juntos, a Alemanha, Áustria-Hungria, Bulgária e o Império Otomano ficariam conhecidos como os Impérios Centrais, se opondo aos Poderes Aliados: Inglaterra, França, Rússia, Japão e, a partir de abril de 1915, o Reino da Itália. Uma vez que dúzias de nações declararam suas lealdades, incluindo os EUA, pelos Aliados em 1917, havia poucos cantos do mundo intocados pela guerra.

A Frente Ocidental

A Alemanha começou sua campanha na Europa Ocidental em 4 de agosto de 1914, com a invasão da Bélgica e de Luxemburgo. O plano era ultrapassar as fortificações francesas na fronteira franco-alemã, se mover ao sul para tomar Paris, retirar a França da guerra e, então, redirecionar ao leste rapidamente para contrapor a ameaça russa. Acima de tudo, a Alemanha queria evitar dividir suas energias em uma guerra de duas frentes.

Não era pra ser. O exército francês e a Força Expedicionária Britânica (BEF, da sigla em inglês) juntos conseguiram barrar a ofensiva alemã dentro de um mês. Paris foi salva, mas lá se seguiu a "corrida para o mar": os lados opostos avançavam rapidamente para o noroeste em uma tentativa de flanquear mais que o outro. No momento que os combatentes

Tropas da Força Expedicionária Britânica (BEF) na Bélgica em 1914. Eles empilharam seus fuzis .303in Short Magazine Lee-Enfield (SMLE), armas que inicialmente surpreenderam os alemães com sua facilidade para disparar.

alcançaram o Mar Norte eles já tinham, atrás deles, estabelecido uma corrente de trincheiras defensivas inquebrável, que se estendia da costa de Flandres à fronteira suíça. Foi ao longo dessa linha terrestre surrada e ensanguentada que as batalhas da frente Ocidental seriam lutadas, com poucas mudanças significativas, pelos próximos três anos.

Entre o final de 1914 e a primavera de 1917, os esforços estratégicos da Frente Ocidental seguiram um ritmo desalmado. Um lado faria uma tentativa de quebrar pela frente do inimigo, seguido por semanas ou meses de luta árdua e exaustiva. Nesse ponto, a própria ofensiva teria se desgastado, tendo ganho pouco avanço significativo. O maior esforço alemão veio em fevereiro de 1916, quando os alemães saquearam a cidade fortificada francesa de Verdun, com o objetivo de puxar os franceses para uma batalha de desgaste decisiva. O desgaste foi certamente atingido. Verdun se tornou uma das batalhas mais destrutivas na história da humanidade, matando aproximadamente 435.000 alemães e 540.000 franceses, mas ela conquistou pouco em termos de avanço das metas de guerra da Alemanha.

E ainda, além de Verdun, os alemães majoritariamente tomaram uma postura defensiva nos anos entre 1914-1917. Os Aliados, em contraste, empreenderam ofensivas enormes com certa regularidade. Muitas dessas campanhas se tornaram marcos sombrios na história militar. Por exemplo, a Batalha de Somme, empreendida em primeiro de julho de 1916, ocorreu até 18 de novembro e custou aproximadamente 600.000 causalidades aliadas (incluindo aproximadamente 450.000 britânicas) por apenas 10 km de penetrações aliadas. No início de 1917, os alemães simplesmente retraíram até sua altamente defensável "Linha de Siegfried", deixando então o impasse na Frente Ocidental altamente intocada.

A história popular tem comumente representado o conflito na Frente Ocidental como uma sangria insensível e patriota, que gastou milhões de vidas por meros quilômetros de terreno explodidos. Tal ponto de vista tem algumas partes de verdade, mas facilmente se despedaça com uma análise minuciosa.

GUERRA DE TRINCHEIRAS

Os exércitos da Frente Ocidental se enfrentaram pela área da "terra de ninguém", que separava a linha de frente das trincheiras, as distâncias entre elas geralmente mediam dezenas ou centenas de jardas. Os sistemas de trincheiras se tornaram trabalhos de alguma sofisticação, todos tipicamente ligados longitudinalmente com trincheiras de comunicação para permitir a movimentação de suprimentos e a rotação das unidades da linha de frente.

As trincheiras eram melhoradas com piso de deck, abrigos (os alemães faziam instalações subterrâneas particularmente robustas e concretas), e até energia elétrica, mas elas ainda eram lugares terrivelmente anti-higiênicos nos quais lutar, especialmente durante os meses chuvosos ou invernais. Soldados se encontravam com lama até os joelhos e outros horrores, como: o problema de recuperar corpos das trincheiras geralmente significava que os vivos e mortos conviviam lado a lado; a proliferação de vermes e o fogo de artilharia, que era errático, mas uma ameaça constante. Mesmo assim, as trincheiras eram altamente defensáveis. Espirais bem presas de arame farpado atrasavam os invasores ao rastejar, os expondo a foices de metralhadoras, de rifles e de fogo de morteiro e de artilharia, as quais diminuíam homens pelas centenas. O único jeito de quebrar uma trincheira era entrando fisicamente e a batalhando das mãos do inimigo. Foi por esse empreendimento que os combatentes na Frente Ocidental aplicaram todo seu desespero e ingenuidade.

A batalha pela Frente Ocidental foi lutada em uma série de condições inflexíveis. Uma interminável e inquebrável linha de frente significava que não teria flanco a ser mudado, e isso reduzia oportunidades de manobras sofisticadas. Tudo que os invasores poderiam essencialmente fazer era enfraquecer as defesas inimigas com artilharia e, então, jogarem-se nas trincheiras de cabeça, direto no poder de fogo inimigo; com a exceção de algumas inovações tardias (veja abaixo). A comunicação no campo de batalha ainda era limitada (mensageiros corredores, cavaleiros de expedição, telefones fixos de campo e comunicadores sem fio bem primitivos). O que para nós parecem táticas pouco criativas, eram muitas vezes o resultado de tentativas de atingir um grau de coordenação de unidades através de frentes expansivas.

Ademais, a Primeira Guerra Mundial viu a perfeição dos métodos e ferramentas industriais de matar. A artilharia foi a arma definidora em termos de quantidade, poder e volume de disparos. Durante a preparação de uma semana dos Aliados para o bombardeamento que precedeu a ofensiva de Somme, por exemplo, as peças de artilharia britânica e francesa lançaram 1,7 milhões de cartuchos nas linhas oponentes (apesar de 30% das munições não terem realmente explodido). O controle de fogo das artilharias se tornou crescentemente sofisticado, as tempestades de cartuchos eram disparadas precisamente com o tempo e movimentos da infantaria.

Havia outros dispositivos que adicionavam ao número de corpos excessivo. Metralhadoras brutalmente confiáveis, como a britânica Vickers e a alemã MG08, podiam derrubar rodadas de cartuchos de alta velocidade hora após hora, ceifando assim ranques de infantaria. Armas estriadas com ação de ferrolho disparavam agora rápida e certeiramente, e a infantaria também era fortemente armada com metralhadoras leves e granadas de mão. O gás venenoso de diversos tipos, primeiramente usado diligentemente na Frente Ocidental em 22 de abril de 1915 no norte de Ypres, se tornou uma arma especialmente amedrontadora e comum. Com efeitos que vão desde bolhas na pele até cegueira e asfixia, o gás resultou em 1,3 milhões de causalidades até o final da guerra.

A guerra, com todas as suas necessidades lógicas, no entanto, trouxe inovações ao passo que cada lado tentava ganhar vantagem, particularmente em 1917 e 1918. A infantaria, a artilharia e o poder aéreo emergente se tornaram crescentemente bem coordenados, A infantaria também ganhou apoio de tanques primitivos, primeiramente usados pelos britânicos na Batalha de Flers-Courcelette (parte da Batalha de Somme) em 15 de setembro de 1916. Os primeiros tanques eram bestas pesadas, não confiáveis e vulneráveis, mas eles causavam um impacto no campo de batalha, particularmente pela agilidade em atropelar arame farpado e despejar fogo direto sobre posições inimigas. Os britânicos e os franceses empreenderam quase 378 tanques, os quais, junto do suporte aéreo caro, da coordenação da artilharia e da melhora de táticas de infiltração na infantaria, na Batalha de Cambrai, de 12 de novembro até 7 de dezembro de 1917, ofereceram um novo modelo de estratégia ofensiva.

Os anos penosos de impasse na Frente Ocidental finalmente chegaram a um fim em 1918. Até essa época, a Rússia já havia saído da guerra, convulsionada pela Revolução de 1917, e os EUA tinham se unido à causa Aliada. Os EUA trouxeram nova potência de homens e produção industrial poderosa, ambos muito necessários nos meses seguintes.

Em 21 de março de 1918, o exército alemão revigorado lançou sua "Ofensiva de Primavera" com três exércitos inteiros, em uma tentativa de despedaçar e empurrar a linha de frente aliada. Apoiados por 6.437 peças de artilharia, os alemães lutaram usando táticas inovadoras de "Stormtropper", aplicando manobras de infantaria e poder de fogo para sobrecarregar as defesas aliadas. Os resultados foram, em primeiro

A Vickers era a metralhadora pesada britânica padrão. Ela poderia, graças ao seu cano refrigerado a água e com uma troca ocasional de cano e controle de fogo sensato, manter o fogo sustentado por horas.

plano, surpreendentes e pareceram estar mexendo com o equilíbrio da guerra. No final de março, os alemães tinham avançado 80 km no mais profundo ponto de penetração, e mantiveram a pressão com repetidas ofensivas durante a primavera e pelos meses de verão adentro. Ainda assim, progressivamente, a ofensiva se cansou, custando centenas de vidas e ultrapassando linhas de suprimentos. A essa altura, 10.000 tropas estadunidenses chegavam ao teatro da guerra todos os dias, alcançando 650.000 na França até maio. Gradualmente, os aliados colocaram freios no avanço alemão e então seguiram na frente eles mesmos, não somente revertendo todos os ganhos alemães, mas também empurrando os alemães em direção à sua pátria. Em setembro, os aliados da Alemanha estavam começando a abandonar a guerra, protestando pela paz. No inverno, a Alemanha percebeu a insignificância de continuar resistindo. Em 11 de novembro, a trégua foi declarada.

A Frente Oriental

Em contraste com muitas das lutas na Frente Ocidental, pelo menos entre 1914 e 1917, a guerra na Frente Oriental era caracterizada pelo movimento e impulso. A Rússia entrou em guerra com uma força impressionante em teoria, com 5,97 milhões de tropas (forças permanentes e reservas) em agosto de 1914 – maior do que qualquer outro exército em terra. Mas os números estavam escondendo problemas. O exército russo era frequentemente mal liderado e equipado escassamente, e sofreu em proporção. Quando os russos empreenderam sua primeira ofensiva, adentro do leste da Prússia, em agosto de 1914, levaram derrotas devastadoras na Batalha de Tannenberg (26-30 de agosto), na qual quase metade do Segundo Exército Russo foi destruído, e na Primeira Batalha dos Lagos Masurianos (7-14 de setembro). Tendo dito isso, os russos talvez tenham sofrido cerca de 1 milhão de causalidades somente em 1914.

As forças austro-húngaras e alemãs estavam na ofensiva no início de 1915, lutando primariamente com os Cárpatos, uma campanha de inverno que agora infringiu desgaste nos dois lados. Ainda assim, os desastres russos pareciam aumentar. A Segunda Batalha dos Lagos Masurianos (7-22 de fevereiro de 1915) devastou quase todo o Décimo Exército Russo, então a Ofensiva de Gorlice-Tarnow (2 de maio - 22 de junho) colocou os russos em retirada.

Só em 1916 foi que a Rússia finalmente começou a inverter algumas de suas perdas. Sua figura celebrada foi General Alexei Brusilov, o comandante da Frente Sudoeste. Em 4 de junho, ele empreendeu a "Ofensiva de Brusilov", um vasto retrocesso contra os Impérios Centrais no que é hoje a Ucrânia Ocidental. Brusilov conseguiu empreender uma ofensiva com divisões de 40 infantarias e de 15 cavalarias como uma relativa surpresa, mantendo bombardeamentos preparatórios pequenos e tropas se movimentando disfarçadamente nas trincheiras. Ele também aplicou táticas de infantaria de "fogo e manobra", se afastando dos brutos e custosos ataques por homens, usados anteriormente. A Ofensiva Brusilov foi certamente um triunfo, gerando grandes avanços na Polônia e Galícia, e infligindo perdas devastadoras no exército austro-húngaro. Ainda assim, quando a ofensiva acabou em 1916, os russos apresentaram causalidades tenebrosas – estimativas vão de 500.000 a 1 milhão. Além disso, o ano seguinte trouxe as agitações da Revolução Russa, a qual resultou na abdicação do Czar Nicolau II e gerou a Guerra Civil Russa. Inicialmente, um novo governo revolucionário sob Alexandre Kerensky tentou manter a Rússia no conflito contra a Alemanha, mas a confiança crescente da ofensiva alemã e o caos interno levaram o governo bolchevique sucessor, sob Vladimir Lenin, a negociar um armistício em 15 de dezembro de 1917, libertando a Rússia das forças dos Impérios Centrais na Frente Leste para serviço em outro lugar.

Outros Teatros

Apesar da Primeira Guerra Mundial não ter alcançado a mesma escala internacional que a Segunda Guerra Mundial, ainda foi um conflito global, sem esquecer os mares como campos de batalha. A Itália, por exemplo, foi puxada para as hostilidades em 23 de maio de 1915, quando ela declarou guerra à Áustria-Hungria. Muitas das lutas entre a Itália e o exército austro-húngaro foram realizadas na frente norte de Isonzo, um terreno caracterizado tanto por seus desafios ambientais quanto militares. Enfrentando os verões escaldantes e os invernos negativos, os dois lados se arrastaram por vales amplos e montanhas íngremes e altas. As tropas nessas montanhas geralmente viviam uma existência troglodita em cavernas e abrigos de pedra, com ar rarefeito e neve profunda.

No total, os italianos teriam empreendido nove ofensivas ao longo da Frente Isonzo em 1915 e 1916, com pouco resultado estratégico, além de dezenas de milhares de mortes, em ambos os lados. Em 1917, os austro-húngaros exauridos pediram, bem como receberam, assistência militar direta dos alemães, que lançaram seis divisões da Frente Oriental. A ofensiva dos Impérios Centrais em Caporetto (atual noroeste da Eslovênia) em 24 de outubro vislumbrou os alemães aplicando gás, Stormtroopers e táticas de infiltração com sucesso. O ataque quebrou a integridade das defesas italianas em Isonzo, empurrando o Segundo Exército Italiano em 241 km antes do ataque ser detido. No fim, a Frente Italiana voltou a ficar em desgaste, mas em 1918 foi a vez dos italianos de receber apoio estrangeiro, na forma de reforços britânicos, franceses e americanos. Enfim reforçados, os Aliados deram a volta por cima de uma ofensiva austro-húngara em junho de 1918 no Rio Piave e então em 24 de outubro empreenderam uma ofensiva própria em Vittorio Veneto. A ação durou até 4 de novembro, período durante o qual os austro-húngaros colapsaram enfaticamente, sofrendo mais de meio milhão de causalidades (incluindo 448.000 prisioneiros de guerra) e perdendo um surpreendente número de 5.000 peças de artilharia. Uma trégua austro-italiana foi então rapidamente assinada, trazendo a vitória à Itália, embora às custas de 450.000-650.000 dos jovens soldados durante os quatro anos de guerra.

Para a Inglaterra, um dos maiores, e dos mais controversos e custosos, desdobramentos foi para Dardanelles, o estreito entre a Turquia Europeia e a Asiática, onde se conectam o Mar Egeu e o Mar de Mármara. No início de 1915, seguindo um pedido russo de ajuda, os britânicos e os franceses decidiram recuperar Dardanelles dos Otomanos. Em uma operação desenvolvida e aprovada por Winston Churchill, então o Primeiro Lorde do Almirantado, o esforço inicial era limitado pela cobertura naval dos fortes turcos litorâneos. Então, em 25 de abril, os primeiros de quase meio milhão de homens foram aterrados, por fogo turco, no que se tornou a batalha de quase 11 meses de Gallipoli. Foi um desastre. Ao invés de ocupar os estreitos, as tropas aliadas se encontraram presas no estreito litorâneo, constantemente atingidas por fogo de artilharia. Ações ofensivas invariavelmente resultaram em perdas de vida significativas, ao passo que as tropas aliadas se debatiam contra uma posição turca privilegiada. Já que falharam em todos os seus objetivos primários em Dardanelles, os aliados se retiraram entre 23 de novembro de 1915 e 9 de janeiro de 1916. Dada a subsequente ascensão de Winston Churchill à grandeza, ele teve sorte por sua carreira política não acabar ali.

Há muitos outros lugares nos quais batalhas e campanhas foram traçadas, as quais só podem ser mencionadas de passagem. Eles incluem o Cáucaso, a Pérsia, os Balcãs e a Mesopotâmia. As duas batalhas mais importantes em estratégia foram a campanha britânica na Palestina e as operações audaciosas alemãs na África Alemã Oriental. A primeira foi primordialmente lutada em 1917 e 1918. Durante esse período, os britânicos se retiraram da sua base no Canal de Suez, liberaram a Península Sinai, lutaram três grandes combates em Gaza, e ocuparam Jerusalém. O grande líder britânico dessa campanha foi o General Edmund Allenby, que continuou a infligir uma derrota aos turcomanos em Meggido em 19-21 de setembro de 1918, ajudando a trazer uma capitulação otomana no mês seguinte. No lado oposto, outro líder inspirador foi o Tenente-coronel alemão Paul von Lettow-Vorbeck, comandante na África Alemã Oriental e conhecido pela história como "Leão da África". Liderando uma força de somente 14.000 tropas, a maioria de indígenas africanos, von Lettow-Vorbeck conduziu uma campanha à moda de guerrilha tão brilhante que ele restringiu uma força aliada de 300.000 homens os quais foram incapazes de derrotar o astuto alemão. Só o armistício trouxe sua resistência a um fim.

Guerra Naval

A guerra no mar durante a Primeira Guerra Mundial foi tão estrategicamente significativa quanto a guerra em terra. O transporte marítimo era, para a maioria dos combatentes, mas especialmente para a Grã-Bretanha, centralmente importante, não apenas para suprir a logística da guerra, mas também para manter as populações civis em razoável conforto material. Durante os anos pré-guerra, uma corrida armamentista naval levou as principais potências – especialmente Grã-Bretanha, Alemanha, França e EUA – a desenvolver frotas hercúleas de navios de guerra de grande porte, incluindo os mais poderosos tipos "dreadnought". Entre 1906 e 1914, por exemplo, a Grã-Bretanha encomendou 32 novos navios de guerra da capital, e a Alemanha, 23. Com a eclosão das hostilidades, o mundo se preparou para grandes batalhas navais nos mares e oceanos contestados do planeta, especialmente entre a Grande Frota Britânica e a frota alemã de alto mar. Em última análise, no entanto, os navios de superfície de canhões grandes não exerceram a influência que se poderia esperar. Certamente houve alguns grandes combates isolados, como a Batalha de Coronel (1 de novembro de 1914), a Batalha das Ilhas Malvinas (8 de dezembro de 1914) e a Batalha de Dogger Bank (24 de janeiro de 1915), mas na maior parte do tempo, os navios de guerra foram usados em funções de bombardeio ou bloqueio costeiro. Então, de 31 de maio a 1 de junho de 1916, no Mar do Norte, na costa da Dinamarca, ocorreu aquele encontro épico das principais frotas britânica e alemã: a Batalha da Jutlândia, uma luta de dois dias que custou aos britânicos 14 grandes navios perdidos para os 11 alemães. Embora a batalha não possa ser classificada como uma vitória tática para os britânicos, demonstrou, no entanto, que a Marinha alemã não poderia infligir derrota à Marinha Real maior sem sofrer suas próprias perdas catastróficas na superfície. Assim, o bloqueio naval que a Grã-Bretanha estava impondo à Alemanha permaneceria em vigor. Na verdade, a arena mais significativa da guerra naval na Primeira Guerra Mundial não estava nos navios capitais, repletos de poder de armas e poder declarado abertamente, mas com submarinos, correndo silenciosamente sob a superfície. Nesta arena, a Alemanha liderou o caminho, com uma frota crescente de U-boats. Em 22 de setembro de 1914, um desses barcos – o U-9, capitaneado pelo tenente-comandante Otto Weddigen – demonstrou a revolução que essas pequenas embarcações ofereciam, em um único combate, afundando três cruzadores blindados britânicos no sul do Mar do Norte. Os submarinos se tornaram uma das maiores ameaças às marinhas aliadas.

O encouraçado britânico HMS Dreadnought, que com seu design de canhões grandes mudou a face da guerra naval e, em seu comissionamento em 1906, iniciou uma corrida armamentista naval internacional.

Além disso, em fevereiro de 1915, a Alemanha começou a afundar, sem aviso prévio, navios mercantes em águas britânicas, uma campanha que ameaçava matar de fome a Grã-Bretanha, que dependia fortemente de importações marítimas. A campanha também resultou no naufrágio do luxuoso navio de passageiros Lusitânia em 7 de maio de 1915, um erro alemão que contribuiu para a entrada dos EUA na guerra. No entanto, após um período de contenção entre meados de 1915 e início de 1917, a Alemanha desencadeou uma guerra submarina irrestrita na entrada e saída de navios mercantes do Reino Unido até o final da guerra. Apenas a introdução aliada do sistema de comboios, que estatisticamente reduziu as chances de U-boats avistarem um alvo, e o Armistício salvaram a Grã-Bretanha de um destino incerto. O poder do U-boat seria experimentado, em grau ainda maior, na guerra mundial seguinte.

Guerra Aérea

A arena final da Primeira Guerra Mundial estava no ar. Dado que o voo motorizado e controlado tinha apenas 12 anos quando a Primeira Guerra Mundial começou, era dificilmente concebível que essas frágeis aeronaves de várias asas de arame e tecido pudessem ter sido reaproveitadas para a guerra. No início, de fato, as aeronaves eram usadas principalmente para reconhecimento e localização de artilharia, mas logo adquiriram armas básicas – armas de fogo de tripulação, pequenas bombas e dardos – para destruir balões de observação inimigos. Em seguida, as tripulações de aeronaves começaram a lutar entre si, o que levou inexoravelmente ao nascimento de aviões de caça puros em 1915. Estes eram equipados com metralhadoras que, no fim das contas, disparavam diretamente através do arco da hélice, permitindo que o piloto mirasse na linha de visão, o que por sua vez significava que o avião de combate poderia travar "dogfights" de habilidade aérea e violência. Para aqueles homens que voaram nessas missões, a vida era perigosamente curta, medida em poucas semanas, mas alguns poucos alcançaram o status de "ace", exemplos notáveis incluindo

O britânico SopwithCamel foi um dos melhores caças aéreos da Primeira Guerra Mundial. Tinha excelente manobrabilidade e estava armado com duas metralhadoras Vickers .303in sincronizadas.

o britânico Edward 'Mick' Mannock (61 vitórias) e o alemão Manfred von Richthofen – também conhecido como o "Barão Vermelho" – com 80 vitórias. Aviões de caça também passaram a ser usados no papel de ataque ao solo em apoio a manobras de infantaria, metralhando posições inimigas ou lançando bombas leves. A Primeira Guerra Mundial também viu o nascimento bruto do bombardeio estratégico, tanto por dirigíveis alemães Zeppelin quanto por aeronaves de asa fixa. Londres foi atingida por ambos, um ataque do Zeppelin em 31 de maio de 1915 matando 26 pessoas e ferindo 60, enquanto um ataque de bombardeiros de Gotha em 13 de junho de 1917 deixou 158 mortos e 425 feridos. Embora os bombardeiros dirigíveis rapidamente tenham se tornado obsoletos, havia premonições do futuro da guerra aérea. A Primeira Guerra Mundial foi um evento catastrófico por qualquer avaliação. Os extraordinários quatro anos de derramamento de sangue deixaram cerca de 20 milhões de mortos e um número ligeiramente maior de feridos. A sociedade e a política mundiais foram despedaçadas, principalmente pela remoção de profundas costuras da juventude masculina nacional. Mas o que alguns consideravam a "guerra para acabar com todas as guerras" era, na realidade, a semente de uma guerra mundial ainda maior, que engoliria o mundo apenas 20 anos depois.

SEGUNDA GUERRA MUNDIAL

As causas da Segunda Guerra Mundial têm maior amplitude e complexidade do que pode ser estudado aqui. Basta dizer que na Alemanha, as profundas cicatrizes políticas, econômicas e sociais deixadas pela derrota alemã na Primeira Guerra Mundial forneceram as condições ideais para o surgimento de uma nova forma de nacionalismo alemão, expressa através da visão de mundo ideológica viciosa de Adolf Hitler e seu Partido Nacional-Socialista dos Trabalhadores Alemães, ou Partido Nazista. Através de uma mistura de brutalidade de rua e processo democrático, Hitler tornou-se o chanceler alemão em 1933, passando a projetar poderes ditatoriais que o tornaram o líder incontestável da Alemanha; não poderia haver vozes alternativas para desafiá-lo.

Além de, ainda que aparentemente, tirar a Alemanha da depressão econômica, Hitler também colocou o país de volta no caminho da militarização em 1935 rejeitando abertamente as restrições de armamento e mão de obra militar impostas à Alemanha pelo Tratado de Versalhes em 1919. O poder de Hitler cresceu sem um desafio sério da comunidade internacional, mesmo quando Hitler remilitarizou a Renânia em março de 1936 (proibido pelos tratados aliados), anexou a Áustria e os Sudetos em 1938 e, então, conduziu uma anexação sem derramamento de sangue das partes tchecas da Tchecoslováquia em março de 1939. Objetivos abrangentes de Hitler foram Lebensraum ("espaço vital") para o povo alemão, vingança pela derrota na Primeira Guerra Mundial (durante a qual serviu bravamente nas trincheiras) e a "pureza" racial do povo alemão, através da remoção dos judeus e outros povos que ele considerava racialmente inferiores.

Polônia e Europa Ocidental

Em 1º de setembro de 1939, a Wehrmacht de Hitler (forças armadas) lançou a campanha de abertura do que seria sem dúvida o evento mais cataclísmico e destrutivo da história humana, a Segunda Guerra Mundial, com a invasão da Polônia. Cerca de 1,2 milhão de homens e grandes forças blindadas cruzaram a fronteira germano-polonesa na primeira demonstração de Blitzkrieg (guerra relâmpago). (Observe que o termo é mais histórico do que um rótulo que a Wehrmacht usava na época.) O profissionalismo e o poder das forças alemãs revitalizadas foram comprovados, sem dúvida. As forças polonesas resistiram com determinação heroica, às vezes com muito mais força do que Hitler havia previsto (em uma batalha de três dias, os poloneses destruíram uma divisão de infantaria alemã inteira), e as táticas da Blitzkrieg muitas vezes não eram tão persuasivas quanto no treinamento. No entanto, em 27 de setembro, a resistência final em Varsóvia entrou em colapso, e a Polônia entrou em cinco anos da ocupação mais cruel.

BLITZKRIEG

A estratégia da Blitzkrieg estava centrada nas divisões Panzer (blindadas) e infantaria mecanizada, que usavam sua mobilidade e velocidade para perfurar pontos fracos (Schwerpunkt – "centros de gravidade") nas linhas inimigas e fazer penetrações profundas, jogando as comunicações e respostas inimigas em desordem. Longe estavam os dias de amplos ataques frontais – de fato,

posições fortemente defendidas foram amplamente contornadas e evitadas - e vieram a velocidade e a manobra como princípios orientadores. O poder do ataque blindado e do ataque de infantaria de acompanhamento foi aprimorado pelo apoio aéreo aproximado (CAS) de aeronaves de ataque da Luftwaffe (Força Aérea Alemã), como o bombardeiro de mergulho Junkers Ju 87, que forneceu uma forma de artilharia aérea. As divisões Panzer também incluíam suas próprias unidades divisionais de infantaria, engenharia, antiaérea, antitanque, artilharia e engenharia, para que pudessem lutar de forma não literal. O objetivo era ditar um ritmo de operações ao qual o inimigo simplesmente não poderia igualar, deixando-o vulnerável à perseguição, cerco e desintegração.

Em 3 de setembro, o primeiro-ministro britânico Neville Chamberlain transmitiu a declaração de guerra da Grã-Bretanha à Alemanha. A França fez o mesmo, a invasão da Polônia agora se tornando um conflito europeu. No Ocidente, no entanto, relativamente pouco aconteceria entre outubro de 1939 e abril de 1940, levando alguns na Grã-Bretanha a declará-la a "Guerra Falsa". Não é assim no leste, onde as forças soviéticas aliadas da Alemanha invadiram a Finlândia em 30 de novembro de 1939, iniciando a "Guerra de Inverno" de três meses que acabou resultando na vitória de Stalin, mas com um enorme custo contra os teimosos defensores finlandeses. Hitler, em particular, notou as lutas do Exército Vermelho, sentindo oportunidade em sua fraqueza. Hitler sabia que, com a Grã-Bretanha e a França agora declaradas como combatentes, a direção da guerra se voltaria para o oeste. Em 9 de abril, a Wehrmacht desencadeou uma invasão da Noruega e da Dinamarca, consciente de que controlar a Escandinávia era fundamental para garantir o fornecimento seguro de carregamentos de minério de ferro da Suécia. A Noruega era um osso duro de roer, que viu tropas britânicas, francesas e alemãs em combate pela primeira vez.

Uma conquista definidora de Adolf Hitler foi construir uma "marca" nazista altamente organizada e militarista – incluindo filosofia, uniformes e saudações – para a qual milhões de alemães insatisfeitos se juntaram na década de 1930.

Mais uma vez, os alemães contribuíram com inovação, principalmente em seu primeiro uso de paraquedistas para capturar aeródromos, pontes e posições importantes; a aplicação de tropas aerotransportadas seria de importância crescente à medida que a guerra prosseguisse. A última base aliada na Noruega foi abandonada em 8 de junho, quando a principal campanha alemã no Ocidente estava em andamento. Em uma campanha de brilho genuíno, as forças alemãs invadiram a Holanda e a Bélgica em 10 de maio de 1940, esmagando ambos rapidamente. Novamente, as tropas aerotransportadas apareceram; os paraquedistas alemães de elite, desembarcando em planadores, tomaram a fortaleza fronteiriça belga de Eben-Emael, apesar de estarem em desvantagem de mais de dois para um. Em 13 de maio, as forças Panzer alemãs atacaram a França, emergindo

Um menino polonês fica traumatizado nos escombros de sua casa destruída em Varsóvia, depois que a Luftwaffe alemã reduziu cerca de 50% da cidade a ruínas durante os bombardeios de setembro de 1939.

inesperadamente da supostamente intransponível floresta das Ardenas e contornando as defesas da Linha Maginot. A partir de então, tanto o Exército Francês quanto a Força Expedicionária Britânica (BEF) foram superados e derrotados. O BEF foi empurrado de volta para a costa, de onde 338.000 homens (incluindo cerca de um terço dos soldados franceses) foram evacuados para a Grã-Bretanha em 4 de junho em um exercício milagroso de extração. Paris caiu em 14 de junho e um armistício foi assinado no dia 22.

Grã-Bretanha Segue na Luta

Após a conquista da França, parecia a todos na Grã-Bretanha que eles seriam os próximos. De fato, o plano de Hitler para a invasão do

Reino Unido, a Operação Sealion, foi planejado para 1940. Os grandes obstáculos para o sucesso dessa invasão, que contou com um ataque através do Canal, foram a força da Marinha Real Britânica e a resistência da Força Aérea Real (RAF). Para evitar a derrota, entre 8 de agosto e 30 de outubro de 1940, a Luftwaffe enfrentou a RAF na "Batalha da Grã-Bretanha", três meses de combate aéreo intensivo e tortuoso, principalmente realizado no sudeste da Inglaterra. Foi uma campanha crítica que descansou, para a Grã-Bretanha, nos ombros de "The Few", como Winston Churchill (primeiro-ministro de 10 de maio de 1940) os denominou. Durante esses três meses punitivos, os pilotos britânicos do Spitfire e do Hurricane resistiram, derrubando 1.733 aeronaves alemãs contra 915 de suas próprias perdas. Quando a Batalha da Grã-Bretanha terminou, Hitler havia cancelado Sealion, até porque agora estava olhando para o leste em direção a uma invasão da União Soviética. Em setembro de 1940, no entanto, a Luftwaffe mudou para o bombardeio noturno das cidades da Grã-Bretanha – o Blitz. Isso foi mais intenso até maio de 1941, mas retornou esporadicamente até 1944, com as ameaças também evoluindo para incluir a bomba voadora V-1 e o míssil balístico V-2, ambas inovações que auguravam tecnologias da Guerra Fria. A ameaça e a realidade dos bombardeios alemães tiveram um efeito profundo na vida britânica: milhões de crianças foram evacuadas de áreas urbanas; 2 milhões de pessoas ficaram desabrigadas; cerca de 60.000 civis foram mortos. No entanto, em última análise, foi a Alemanha, e também seu aliado Japão, que viria a sofrer os maiores golpes de martelo de bombardeio estratégico na guerra.

Norte da África e os Balcãs

Até os EUA entrarem na guerra em dezembro de 1941, a Grã-Bretanha lutou em grande parte sozinha, embora com assistência logística americana e também com o apoio ativo das forças da Commonwealth, especialmente Austrália, Nova Zelândia, Canadá, África do Sul e Índia. O principal teatro britânico para operações terrestres era o norte da África e os Balcãs. A Itália entrou na guerra como aliada alemã em junho de 1940 e, em 13 de setembro de 1940, as forças italianas na Líbia avançaram para o Egito controlado pelos britânicos, apresentando uma ameaça potencial ao Canal de Suez, controlado pelos britânicos. O comandante britânico na região, o general Archibald Wavell, respondeu com uma contraofensiva em dezembro seguinte, e os italianos foram derrotados, necessitando recuar 800 km, e dezenas de milhares de deles foram capturados.

BOMBARDEIO ESTRATÉGICO

O bombardeio estratégico refere-se à política deliberada de ataques aéreos sustentados a infraestruturas, indústrias e habitações civis, com a intenção de quebrar a vontade e a capacidade do inimigo de sustentar a guerra. Tal bombardeio foi usado com certa reticência moral em 1939 e 1940, com exceções como o bombardeio alemão de Varsóvia e Roterdã. Os maiores esforços de bombardeio estratégico, no entanto, foram conduzidos pelos britânicos e americanos entre 1942 e 1945. Na Grã-Bretanha, a diretiva de bombardeio de área de 14 de fevereiro de 1942 permitiu que bombardeiros pesados quadrimotores britânicos – principalmente o britânico Lancaster – atacassem alvos urbanos alemães em ataques em massa, operações que a Força Aérea do Exército dos Estados Unidos (USAAF) juntou com seus B-17 Flying Fortresses e B-24 Liberators em março de 1943, com os britânicos bombardeando à noite, e os americanos, de dia. As greves subsequentemente infligidas à Alemanha foram profundas, com a maioria das grandes cidades virtualmente varridas do mapa em abril de 1945; um único ataque infame em Dresden em 13-15 de fevereiro de 1945 sozinho matou pelo menos 25.000 pessoas. Do outro lado do mundo, o Comando de Bombardeiros da USAAF XXI atingiu cidades

japonesas implacavelmente com ataques de bombas incendiárias de novembro de 1944 até o fim da guerra. Centenas de milhares morreram, incluindo cerca de 100.000 em um único ataque a Tóquio em 9-10 de março de 1945. O bombardeio estratégico permanece controverso até hoje, e seus resultados são polêmicos. Deve-se notar que nem a Alemanha nem o Japão retaliaram com estratégias semelhantes, não tendo a aeronave nem a capacidade de processar tais campanhas.

Em 6 de abril de 1941, a Alemanha invadiu a Iugoslávia. O país foi forçado a se render em 17 de abril, mas a ocupação não foi pacífica – a subsequente guerra sectária mutuamente destrutiva custaria ao país mais de um milhão de vidas. Também em 6 de abril, os alemães invadiram a Grécia, na verdade, em uma espécie de missão de resgate para reforçar as forças italianas que lutavam com falta de sucesso na Grécia desde outubro de 1940. Aqui, a operação era muito mais difícil, e levaria o mês inteiro para limpar o país da resistência grega e britânica. Mas a Alemanha acabou acrescentando a Grécia à sua lista de conquistas. O próximo objetivo era a ilha de Creta, base para 30.000 soldados britânicos e da Commonwealth, que foi atacada em 20 de maio de 1941 na Operação Mercúrio. Essa ação foi uma das mais marcantes da guerra, na medida em que foi conduzida inteiramente por assalto aéreo – as tropas alemãs foram mobilizadas por paraquedas, planadores e aeronaves de transporte Ju 52, com 22.750 homens no total. Em cenas extraordinárias, as coberturas de paraquedas escureceram os céus azuis do mar Egeu. No entanto, milhares de soldados alemães no ar morreram apenas no primeiro dia, demonstrando o quão vulneráveis essas tropas poderiam ser durante sua implantação lenta e flutuante. Por fim, o profissionalismo e as habilidades de luta dos paraquedistas venceram e, em 31 de maio, a ilha estava nas mãos dos alemães. O custo – 7.000 paraquedistas mortos – porém, significou que

Hitler, a partir de então, confinou amplamente os paraquedistas ao status de infantaria de elite.

De volta ao norte da África, em fevereiro de 1941, as forças alemãs começaram a chegar ao teatro de operações, chefiadas por um dos generais de referência de Hitler, o general Erwin Rommel, que havia sido fundamental tanto para o desenvolvimento das forças blindadas alemãs e da doutrina Blitzkrieg quanto para as vitórias no oeste em 1940. Com Rommel no comando, a vantagem agora passava de um lado para o outro, os avanços e recuos oscilando de um lado para o outro pelo norte da África. A vantagem de Rommel estava em suas habilidades de manobra e ataque; os Aliados em sua melhor logística, com comando do Mar Mediterrâneo. A maré realmente virou contra os alemães no final de 1942. Primeiro, o Oitavo Exército Britânico, agora sob o controle do tenente-general Bernard Montgomery, lançou uma ofensiva irresistível em El Alamein em 23 de outubro, que infligiu perdas irrecuperáveis às forças alemãs e italianas e começaram sua retirada até a Tunísia. Em segundo lugar, em 8 de novembro, as forças americanas e britânicas invadiram o norte da África francesa, prendendo Rommel em uma guerra insustentável de duas frentes, especialmente porque a maior parte das forças alemãs já estava implantada na Frente Oriental (veja abaixo). Embora as forças dos EUA, enfrentando os alemães pela primeira vez em combate, tenham sido tratadas de maneira grosseira no início, o impulso que se acumulava contra os alemães no teatro era irresistível e, em 11 de maio de 1943, os alemães que não haviam sido capturados fugiram para o norte, para Sicília e Itália.

Sicília e Itália

A decisão dos Aliados de invadir e lutar pela Itália e Sicília continua sendo uma questão de controvérsia estratégica até hoje. Foi em grande parte o projeto de Churchill, os americanos querendo invadir o norte da Europa ocupada mais diretamente e mais cedo, embora rapidamente tenha ficado claro que não seria possível logisticamente. Churchill propôs atacar a Sicília e a Itália como o "baixo-ventre mole" da Europa, afastando as forças alemãs dos futuros campos de batalha do norte da Europa, ao mesmo tempo em que aliviava alguma pressão sobre os soviéticos na Frente Oriental. Assim, em 9 de julho de 1943, o Sétimo Exército dos EUA e o Oitavo Exército Britânico invadiram a Sicília na Operação Husky, uma das maiores invasões anfíbias de todos os tempos. A luta, embora dura, viu as forças alemãs serem retiradas da ilha em 17 de agosto, embora muitas das tropas alemãs simplesmente cruzassem o Estreito de Messina para a Itália continental. A campanha subsequente para limpar a própria Itália, ao contrário do rótulo de "baixo-ventre mole", foi brutalmente árdua. Esta realidade ocorreu apesar do fato de que os italianos negociaram um armistício com os Aliados em 3 de setembro de 1943, no mesmo dia em que as forças aliadas começaram a desembarcar no sul do país. A Itália foi uma luta desde o início, apesar de os Aliados terem completa superioridade no poder marítimo e aéreo. O comandante alemão na Itália, o marechal de campo Albert Kesselring, conduziu ações defensivas brilhantes, ancoradas em uma série de linhas defensivas inseridas no interior montanhoso e nas linhas fluviais da Itália. Ambos os desembarques aliados em Salerno (9 de setembro de 1943) e Anzio (22 de janeiro de 1944) lutaram para ganhar e explorar seus pontos de apoio, e os combates em Monte Cassino entre 12 de fevereiro e 18 de maio de 1944 foram angustiantes ao extremo, uma eventual vitória aliada que custou ao Quinto Exército Americano e ao Oitavo Exército Britânico 55.000 baixas. No entanto, de forma constante, os Aliados avançaram no país, tomando Roma em 4 de junho e confinando os alemães no extremo norte do país, onde permaneceram até a rendição alemã em maio de 1945.

O Dia D e a Vitória no Oeste

Embora o planejamento para a libertação do Noroeste da Europa tenha começado em 1940, somente em 6 de junho de 1944 esse objetivo se tornou realidade na Operação Overlord. Naquele dia, por volta das

As forças britânicas avançam com baionetas fixas pelo deserto ocidental durante a Batalha de El Alamein em 1942, a batalha que deu início à eventual derrota alemã no norte da África.

6 horas, embarcações de desembarque começaram a depositar os primeiros de cerca de 133.000 soldados americanos, britânicos, canadenses e da Commonwealth nas praias da Normandia, tendo sido precedidos por cerca de 20.000 tropas aerotransportadas que caíram na região nas horas anteriores. Os desembarques foram uma demonstração potente das capacidades logísticas, navais e anfíbias aliadas, entregues ou apoiadas por 5.333 navios, e também sua capacidade de reivindicar total superioridade

aérea – as 8.268 aeronaves aliadas operacionais sobre as áreas de desembarque rapidamente derrotaram a escassa oposição da Luftwaffe. Embora os desembarques tenham sido fortemente contestados em alguns lugares, especialmente na zona de desembarque americana "Omaha Beach", ao anoitecer os Aliados estavam em terra firme com cerca de 3.400 mortos ou desaparecidos; as estimativas originais de baixas estavam na casa das dezenas de milhares. Da cabeça de ponte começou o avanço para o interior, contra a incisiva oposição alemã que transformou cada rua, cerca viva, cidade e vila em um campo de batalha. A fuga, liderada pelo Terceiro Exército dos EUA sob o comando do general George S. Patton, começou a sério em agosto de 1944, e em 5 de agosto Paris havia sido libertada. Em setembro de 1944, os Aliados estavam na fronteira alemã e tentaram acelerar o colapso da Alemanha por meio da Operação Market Garden (17 a 25 de setembro). O plano era que o Primeiro Exército Aliado Aerotransportado – cerca de 41.600 paraquedistas britânicos e americanos – caísse em território inimigo e apreendesse cabeças de ponte sobre o rio Reno, capturando-as enquanto o XXX Corps britânico avançava por terra para aliviá-los. Foi um fracasso profundo, pois a forte resistência alemã impediu que o XXX Corps avançasse, o que deixou a 1ª Divisão Aerotransportada britânica em Arnhem isolada e quase destruída, perdendo 8.000 homens.

TROPAS TRANSPORTADAS AÉREAS

O desenvolvimento de forças aerotransportadas (paraquedistas e tropas aerotransportadas) foi iniciado na União Soviética, Itália e Alemanha durante a década de 1930, com a Alemanha assumindo a liderança no início da Segunda Guerra Mundial. A Grã-Bretanha e os EUA começaram a adquirir suas próprias unidades aerotransportadas em 1940, mas em 1944 haviam estabelecido divisões aerotransportadas inteiras, quando os alemães, incomodados por

sua experiência em Creta (veja acima), haviam retraído amplamente o papel aerotransportado. As tropas aerotransportadas forneceram uma nova dimensão vertical às táticas de infantaria, o que significa que os soldados poderiam desembarcar diretamente sobre a área do objetivo da missão, ou pelo menos perto dela, contornando defesas ou obstáculos de terreno difícil. Os paraquedistas possibilitaram uma variedade de missões em potencial: cortar as linhas de suprimentos inimigas; apreender e manter alvos de alto valor; reforço ou resgate das forças cercadas; desviar as tropas inimigas das operações terrestres. As tropas aerotransportadas, no entanto, necessariamente entravam em ação "leve", com poucos equipamentos, armamento pesado e suprimentos, por isso era imperativo que fossem aliviados ou reabastecidos dentro de dias após o desembarque.

A energia de combate residual dos alemães também foi demonstrada quando, em 16 de dezembro de 1944, eles lançaram uma vasta contraofensiva pela floresta invernal das Ardenas, destinada a dividir os exércitos aliados e, finalmente, capturar a Antuérpia. Envolvendo 410.000 homens, mais de 1.400 veículos blindados e 3.200 peças de artilharia, a ofensiva inicialmente teve um progresso surpreendente, com avanços profundos em alguns setores e cercando tropas americanas em Bastogne. No entanto, por fim, o ímpeto se esvaiu sob pesadas perdas e dificuldades logísticas, e a limpeza dos céus em janeiro de 1945 significou que o poder aéreo aliado foi capaz de retomar sua devastação da blindagem alemã. A "Batalha do Bulge", como é conhecida, foi o último suspiro ofensivo de Hitler no Ocidente. Os Aliados, posteriormente, avançaram para a Holanda e a Alemanha, ligando-se aos russos no Elba em 25 de abril. Cinco dias depois, Hitler cometeu suicídio e a rendição incondicional alemã seguiu-se pouco depois, em 4 de maio, com a rendição formal em 7 de maio.

A GUERRA DO U-BOAT

A guerra naval entre os Aliados Ocidentais teve alguns grandes confrontos de superfície, notadamente os confrontos com o encouraçado Bismarck em maio de 1941. O elemento mais significativo, no entanto, foi a luta dos Aliados contra os submarinos, especialmente no Oceano Atlântico. No início da guerra, a Marinha Alemã tinha 57 U-boats na frota, mas no total produziria 1.141 submarinos de combate entre 1939 e 1945. Caçando em "Wolf Packs" coordenados, os U-boats começaram a atacar a linha de vida transatlântica da Grã-Bretanha com efeito considerável. Em 1940, 2,4 milhões de GRT (tonelagem bruta registrada) de navios aliados foram afundados pelos U-boats, mas em 1942 esse total anual aumentou para 6,1 milhões de GRT, fomentado pela proliferação de novos alvos mercantes na entrada dos EUA na guerra. Por um tempo, os submarinos estavam afundando navios aliados mais rápido do que os aliados poderiam substituí-los, e havia o perigo de que a Grã-Bretanha pudesse ser derrotada de fome. No entanto, de forma constante, a maré virou através de uma mistura de inovações táticas e técnicas aliadas: táticas de escolta de comboio aprimoradas; melhores tecnologias de detecção de submarinos a bordo e montados em aeronaves (radar e acústico); a introdução de aeronaves antissubmarinas de muito longo alcance; inteligência aprimorada sobre movimentos de submarinos através da quebra do código militar Enigma. No fim, a maré virou tanto que ser membro de uma tripulação de submarinos foi, em última análise, o trabalho mais perigoso nas forças armadas alemãs – 821 submarinos seriam afundados até o final da guerra.

A Frente Oriental

De todas as decisões fatídicas tomadas por Hitler durante a guerra, foi sua invasão da União Soviética em 22 de junho de 1941 que, em retrospectiva, selou o destino da Alemanha. A princípio, isso estava longe de ser evidente, pois a invasão – por três grandes grupos de exército (Norte, Centro e Sul) – composta por 3 milhões de homens foi inicialmente extremamente vitoriosa. O Exército Vermelho, maciço em termos de mão de obra, mas fraco em comando, controle e treinamento, desmoronou vertiginosamente em todas as frentes. Os soviéticos sofreram cerca de 4 milhões de baixas em dezembro, quando os alemães chegaram a Leningrado, no norte, aos arredores de Moscou, no centro, e além de Kharkov, na Ucrânia. Apenas o início do inverno soviético paralisante e a redistribuição de tropas da Sibéria salvaram a capital russa da queda. Quando a primavera de 1942 chegou, os alemães retomaram sua ofensiva, desta vez concentrando seus esforços em uma viagem ao sul do Cáucaso, que detinha a maior parte das usinas de produção de petróleo da União Soviética. Esse avanço, que por algum tempo parecia repetir as glórias alemãs de 1941, levou à épica batalha de Stalingrado no Volga, cidade pela qual ambos os lados lutaram sem restrições ou piedade de agosto de 1942 a fevereiro de 1943. A batalha, que custou mais de um milhão de vidas, terminou com o cerco e destruição do Sexto Exército alemão, uma derrota sem precedentes para a Alemanha e uma vitória estimulante para os soviéticos. O Exército Vermelho agora começava a ganhar impulso ofensivo, apesar de vários contratempos. Em 5 de julho de 1943, os dois lados se enfrentaram na Batalha de Kursk, a maior batalha de tanques da história, envolvendo mais de 8.000 veículos blindados. Como esse engajamento de aço indica, os blindados tornaram-se, ao lado da artilharia, a principal ferramenta na guerra terrestre, desdobrada em grande número e com poder de fogo, mobilidade e proteção blindada cada vez maiores. Os alemães produziram um amplo espectro de tipos de tanques, sendo os mais desafiadores o PzKpfw IV, o PzKpfw VI Tiger e o PzKpfw V

Panther, todos os quais infligiram um custo desproporcional aos exércitos aliados. Os soviéticos optaram por produzir mais de 84.000 dos básicos, mas excelentes tanques T-34 e T-34-85, caracterizados por sua velocidade, mobilidade através do país, blindagem eficaz e adequação para produção em massa. Essa distinção entre especialização técnica alemã versus produção em massa aliada pode ser vista em muitas áreas da tecnologia da Segunda Guerra Mundial. Em última análise, a produção em massa venceu. A Batalha de Kursk foi, em última análise, uma vitória soviética. O que também começou foi a retirada constante das forças alemãs de volta à própria Alemanha, as divisões destruídas sofrendo terrivelmente no caminho. Em 12 de janeiro de 1945, o Exército Vermelho estava do outro lado da fronteira alemã e, em 16 de abril, começou o ataque a Berlim. Embora a resistência fosse inútil, as tropas alemãs em Berlim lutaram com ferocidade, infligindo mais de 300.000 baixas aos soviéticos nestes últimos atos da Guerra Europeia. O suicídio de Hitler adiantou alguns dias o inevitável e, por fim, a capital arruinada do "Reich de Mil Anos" de Hitler desceu ao silêncio da rendição.

A guerra na Frente Oriental foi o maior erro de Hitler, ao lado de declarar guerra aos EUA, país que, por sua incomparável energia industrial, tornou-se a potência logística e armamentista da guerra. Juntos, os Aliados produziram volumes de homens e materiais a que a Alemanha (e o Japão) simplesmente não conseguiam igualar. Mas voltando à Frente Oriental, aqui estava um conflito totalmente inadequado para a máquina de guerra da Alemanha. As distâncias intermináveis esticaram e drenaram as cadeias de suprimentos e absorveram e dispersaram as ações ofensivas; os invernos congelantes abaixo de zero reduziram os veículos blindados a blocos de metal congelados; as batalhas implacáveis custaram baixas igualmente intermináveis – os alemães sofreram 5,1 milhões de mortos na Frente Oriental, enquanto a Frente Ocidental lhes custou cerca de 600.000 mortos. E os soviéticos? As perdas totais, civis e militares, chegam a cerca de 25 milhões. Verdadeiramente os soviéticos pagaram pela vitória dos Aliados com sangue.

Guerra no Pacífico

Embora a Guerra do Pacífico certamente se conecte aos combates mais a oeste, foi em muitos aspectos amplamente independente da guerra europeia, pelo menos até as semanas finais do conflito. As tensões políticas e econômicas entre um Japão imperial e o Ocidente, particularmente os EUA, foram apertando cada vez mais durante as décadas de 1920 e 1930, resultando na imposição de um embargo de petróleo pelos EUA em julho de 1941. O Pacto Tripartite com a Alemanha e a Itália e elementos nacionalistas dentro do governo estavam procurando expandir os territórios japoneses por meios militares no Sudeste Asiático e no Pacífico, superando assim a aguda falta de matéria-prima natural da nação insular. Os japoneses, no entanto, sabiam que primeiro precisavam neutralizar o poder naval dos EUA.

GUERRA DE TRANSPORTADORA

Os primeiros porta-aviões foram desenvolvidos nos últimos anos da Primeira Guerra Mundial, mas foi durante as décadas de 1920 e 1930 que o tipo de navio se tornou um componente importante das marinhas, particularmente as dos americanos, japoneses e britânicos. Os porta-aviões variavam significativamente em tamanho e força aérea, desde pequenos porta-aviões transportando cerca de 30 aeronaves até grandes porta-aviões com cerca de 100 aeronaves a bordo. Mas a presença de porta-aviões literalmente transformou a guerra naval. Eles eram os navios mais poderosos nos mares, capazes de enviar caças, bombardeiros de mergulho e torpedeiros a uma distância de muitas centenas de quilômetros. Mesmo os maiores navios de guerra eram terrivelmente vulneráveis a seus enxames de aeronaves – os maiores navios de guerra da história, os navios japoneses Musashi e Yamato, foram dizimados por ataques de porta-aviões dos EUA em 1944 e 1945, respectivamente. Na Guerra do Pacífico, os dois lados travaram conflitos em ações maciças de

porta-aviões contra porta-aviões, cada lado reconhecendo que esses navios eram a chave para a supremacia naval. Os EUA, no entanto, estavam virtualmente destinados a prevalecer, por meio de suas impressionantes taxas de fabricação de porta-aviões - produziu 141 porta-aviões entre 1939 e 1945, em oposição a 16 pelo Japão - e seus padrões muito mais altos de tripulação e aeronaves.

Em 7 de dezembro de 1941, portanto, 360 aviões japoneses atacaram a base da Frota do Pacífico dos EUA em Pearl Harbor. Embora tenham causado grandes danos, afundando ou seriamente danificando 14 navios e matando 3.300 americanos, os porta-aviões cruciais dos EUA estavam realmente longe do porto neste momento. Na realidade, o Japão simplesmente acordou um gigante adormecido.

Expansão e Retirada

No mesmo momento em que Pearl Harbor foi atingido, os japoneses lançaram uma invasão terrestre que varreu o Pacífico e o Sudeste Asiático, invadindo muitas colônias europeias e territórios dos EUA no processo. A extensão do avanço foi tão impressionante quanto a alcançada pela Alemanha no Ocidente. Os territórios caíram em rápida ordem durante o restante de 1941 e a primeira metade de 1942 – Tailândia, Malásia, Cingapura, Hong Kong, Birmânia, Filipinas, Bornéu, Índias Orientais Holandesas, grande parte da Nova Guiné, Nova Grã-Bretanha, inúmeras ilhas em todo o Pacífico, incluindo as Marianas, Gilberts, Salomão e Wake Island. As forças terrestres aliadas foram dominadas por uma guerra de manobra japonesa ágil e rápida. A fortaleza britânica de Cingapura, por exemplo, foi perdida em uma semana de combates em fevereiro de 1942, resultando em cerca de 80.000 soldados britânicos, indianos e australianos em cativeiro, o que Winston Churchill classificou como o "pior desastre" da história militar britânica. Constantemente, o avanço japonês desacelerou, no entanto, e os Aliados começaram a revidar, especialmente nas mãos de um EUA vingativo. A importantíssima guerra no mar pendeu a favor dos EUA na Batalha do Mar de Coral (4 a 8 de maio de 1942) e na Batalha de Midway (4 a 7 de junho de 1942), combates épicos de porta-aviões resultando na marinha japonesa perdendo cinco de seus transportadores (quatro transportadores da frota apenas na Midway). Na Nova Guiné, uma ofensiva japonesa ao longo da cordilheira Owen Stanley no final de julho de 1942 foi gradualmente interrompida e repelida pelas forças australianas e norte-americanas, e, em 7 de agosto de 1942, as tropas americanas invadiram o sul das Ilhas Salomão, expulsando os japoneses de Guadalcanal em fevereiro de 1943. Os britânicos começaram a fazer campanha na Birmânia ocupada em dezembro de 1942, embora somente em 1944-1945 viessem ganhos territoriais significativos. Foi a partir de 1943 que o novo Império Japonês começou a se retrair significativamente, processo que ganhou ritmo acelerado em 1944 e 1945. A estratégia dos Estados Unidos dividiu o Pacífico em dois teatros principais. O general Douglas MacArthur assumiu o comando da Área Sudoeste do Pacífico, seus objetivos sendo a libertação da Nova Guiné, Salomão, Filipinas, Bornéu, o arquipélago de Bismarck e as Índias Orientais Holandesas. O Almirante Chester Nimitz assumiu o comando das Áreas do Oceano Pacífico; suas forças deveriam conduzir uma vasta campanha de "salto de ilha" pelo Pacífico, desembarcando e limpando as numerosas ilhas fortemente defendidas que atravessavam o Pacífico Central até a própria pátria japonesa. Preso entre essas ofensivas dos EUA, o esforço britânico e da Commonwealth na Birmânia e também a guerra do Japão na China (que vinha lutando desde 1937), o Japão agora estava preso em uma vasta compressa internacional.

As campanhas do Pacífico travadas entre novembro de 1943 e agosto de 1945 foram caracterizadas por uma brutalidade excepcional. Pequenas e isoladas ilhas, muitas vezes pouco mais que afloramentos de coral, tornaram-se locais de lutas literais até a morte para os ocupantes japoneses, que invariavelmente infligiam baixas terríveis às tropas americanas. A

Aviões de ataque naval japoneses sobrevoam a base da Frota do Pacífico da Marinha dos EUA no Havaí durante o ataque de 7 de dezembro de 1941. O ataque foi lançado por seis porta-aviões e 420 aeronaves.

batalha de Tarawa (20-23 de novembro de 1943), por exemplo, viu a morte de 1.696 americanos e 4.690 japoneses (apenas 17 japoneses foram capturados) por um pedaço de terra de apenas 4 km de comprimento e 720 m de largura em seu ponto mais largo. As principais batalhas nas ilhas de Iwo Jima (19 de fevereiro a 26 de março de 1945) e Okinawa (1 de abril a 22 de junho de 1945) viram níveis apocalípticos de derramamento de sangue; Okinawa sozinho custou a vida de cerca de 20.000 soldados americanos e cerca de 110.000 japoneses. Uma experiência semelhante foi vivida pelas tropas de MacArthur na Área Sudoeste do Pacífico; a batalha urbana de um mês por Manila, nas Filipinas, em fevereiro de 1945 resultou em cerca de 6.000 militares e mais de 100.000 mortes de civis. As táticas japonesas incluíam o uso generalizado de aeronaves kamikaze suicidas para atacar as frotas de invasão dos EUA e cargas banzai igualmente suicidas como uma tática de infantaria de última hora. Mas a rede foi se fechando ao redor do Japão, apertada ainda mais pelo bombardeio estratégico implacável das cidades japonesas e pela enorme e eficaz guerra submarina dos EUA, que afundou cerca de 200 navios de guerra japoneses e mais de 1.000 navios mercantes. No final, no entanto, a Guerra do Pacífico não foi finalizada por uma batalha terrestre culminante, mas pela implantação de duas monstruosas peças de tecnologia. Em 6 de agosto de 1945, a cidade de Hiroshima foi apagada do mapa pela detonação de uma bomba atômica a cerca de 580 m acima das ruas; cerca de 80.000 pessoas morreram em meros segundos. Nagasaki sofreu o mesmo destino em 9 de agosto. As bombas atômicas, desenvolvidas sob o "Projeto Manhattan" dos americanos desde 1942, mudaram a face da guerra em um instante. O Japão se rendeu em 15 de agosto, assinando o Termo de Rendição a bordo do USS Missouri, ancorado na Baía de Tóquio, em 2 de setembro de 1945. A Segunda Guerra Mundial havia acabado. A Segunda Guerra Mundial foi enfaticamente a expressão de "guerra total". A noção de "inimigo" se ampliou, à medida que o poderio militar foi desencadeado contra exércitos militares e populações civis. Sociedades nacionais inteiras foram mobilizadas ou implicadas no esforço de guerra. O número final global de mortes é desconhecido, mas fica na base de 70 a 85 milhões, se incluirmos 19 a 25 milhões de doenças e fomes geradas pela guerra (o que deve ser feito). Cerca de três quartos dessas mortes foram civis, ilustrando de maneira terrível como a guerra total envolveu os não-combatentes. A pura destrutividade da Segunda Guerra Mundial foi possibilitada pela combinação de sistemas de armas cada vez mais poderosos – especialmente em termos de blindagem, artilharia, aeronaves, munições, armas pequenas e minas – combinados com o poder industrial para produzi-los em grandes volumes e a vontade ideológica de lutar pela completa destruição ou submissão do inimigo. O conflito remodelou o mundo, geográfica e politicamente. Mas, embora uma guerra global tenha acabado, o próximo meio século estaria muito longe da paz.

Hiroshima foi totalmente destruída após a detonação da primeira bomba atômica lançada em combate sobre a cidade em 6 de agosto de 1945, embora outras cidades japonesas tenham sofrido destruição semelhante por bombardeio convencional.

CAPÍTULO 6
A GUERRA FRIA

O fim da Segunda Guerra Mundial foi celebrado com gratidão por um planeta cansado de conflitos. Para muitos, no entanto, a subsequente "Guerra Fria" não foi senão uma continuação desses conflitos ou, ao menos, forneceu os ingredientes para novas guerras em um futuro próximo. De 1945 até a queda da União Soviética em 1991, dificilmente havia um dia no qual não houvesse conflitos efervescendo em muitos lugares ao redor do globo.

A Guerra Fria é um momento singular na história das guerras. O termo em si refere-se ao período entre 1947 e 1991, quando o Ocidente capitalista, liderado pela superpotência dos EUA, e a União Soviética comunista, liderando o Bloco oriental, se fitavam com ideologias divididas. A tensão comunista/capitalista limitou-se não somente aos estados de primeiro mundo do hemisfério norte, mas ocasionou verdadeiras fissuras globais, atravessando nações, regiões e continentes. A tensão entre a União Soviética e o Ocidente tornou-se cada vez mais aguda, oscilando em várias ocasiões à beira de uma guerra total. Felizmente, dado que a Guerra Fria acontecia na era nuclear, as duas superpotências nunca chegaram a golpes diretos. No entanto, em todo o mundo, essas superpotências forneceram apoio, declarado ou encoberto, para uma miríade de "guerras substitutivas", conflitos que variavam de insurgências menores de baixo nível a grandes guerras convencionais internacionais. Soma-se a essa mistura os conflitos causados pelo nacionalismo pós-colonial, extremismo religioso e movimentos cada vez mais multiplicadores do terrorismo radical, e dificilmente podemos dizer que o mundo estava em paz após a Primeira Guerra Mundial.

NOVOS MEIOS DE GUERRA

A segunda metade do século, a partir de 1945, viu algumas mudanças críticas na prática da guerra, impulsionada tanto por motivações humanas e políticas quanto por inovações tecnológicas. A Segunda Guerra Mundial terminou com os EUA como a única superpotência armada nuclear do mundo, fato que lhe rendeu autoridade estratégica inegável sobre a União Soviética. Então, em 29 de agosto de 1949, a União Soviética detonou sua primeira bomba atômica no Local de Teste da Semi Palatina, no Cazaquistão, reorganizando, portanto, o balanço de poder internacional. Seguiu-se, com efeito, uma corrida nuclear bélica, medida tanto pelo número de ogivas de cada lado, como também pela natureza dos veículos de combate. No início, armas atômicas e nucleares eram carregadas e implantadas por aviões bombardeadores pesados, que teriam que voar para o espaço aéreo inimigo para explodir sua carga. Estas eram aeronaves monstruosas, como o B-52 Stratofortress e o Tupolev Tu-16 (nome de relatório da OTAN: Badger), mas à medida que as próprias bombas nucleares se tornaram mais compactas, as armas podiam ser lançadas por jatos menores e mais rápidos de assento único ou duplo, mais capazes de voar através das defesas aéreas adversárias.

Mas o passo mais importante na entrega de armas nucleares veio durante a década de 1950, com o desenvolvimento dos primeiros mísseis balísticos intercontinentais (ICBMs). O mundo já havia testemunhado o potencial supersônico letal do míssil balístico em 1944 e 1945, na forma do foguete alemão V-2. Uma vez que as armas nucleares foram casadas com ICBMs – os primeiros exemplos incluem o R-7 soviético e o US Atlas americano – e à medida que as capacidades das armas aumentaram em termos de alcance e letalidade destrutiva, as superpotências e seus aliados reconheceram que a guerra nuclear quase certamente resultaria na própria destruição, bem como a do inimigo. Assim, durante a década de 1960, o mundo entrou na era da "Destruição Mútua Assegurada" (MAD), efetivamente um impasse nuclear que, se quebrado, teria o potencial de exterminar grande parte da raça humana em horas, se não minutos. No entanto, sob a sombra da ameaça nuclear, a Guerra Fria também foi uma época de revoluções contínuas nas tecnologias da guerra convencional. Algumas dessas revoluções podem parecer pequenas, mas na verdade tiveram um efeito transformador na segurança global do pós-guerra. Um excelente exemplo é a invenção da AK-47 por Mikhail Timofeyevich Kalashnikov. A AK-47 é a pioneira no tipo "fuzil de assalto", que consiste em um meio-termo entre uma arma submarina e um fuzil completo que viria a dominar as pequenas armas militares. A AK-47 era básica, infinitamente robusta, fácil de operar e poderosa, e tornou-se o rifle padrão das forças armadas soviéticas em 1949. Depois disso, foi produzida em uma escala inimaginável – cerca de 100 milhões de armas do tipo AK (incluindo variantes produzidas localmente) hoje inundam o mundo, tornando-se a arma mais produzida em massa na história. Por causa de sua onipresença, alimentou guerras inteiras. Para além das armas comuns, a guerra terrestre ainda era governada por duas forças: infantaria e armadura. A infantaria, apesar de suas novas armas (o Ocidente também comprou a ideia de rifles de assalto com armas como o M16 dos EUA), ainda lutava em grande parte como seus antecessores da Segunda Guerra Mundial, mas com algumas mudanças. As armas antitanque de infantaria, por exemplo, tornaram-se muito mais eficazes, com armas guiadas antitanque (ATGWs) como a SS.10 francesa e a britânica/australiana Malkara liderando o caminho. Guiados por comando para seu alvo inicialmente por um controlador com um joystick, mas muito mais tarde (década de 1990) adquirindo capacidades auto-orientadoras "disparar e esquecer", os ATGMs deram à infantaria as ferramentas para destruir armaduras pesadas a milhares de metros de alcance. Sistemas eficazes de mísseis terra-ar (SAM) também entraram em fase, bem como grandes sistemas instalados e montados em veículos para interceptações de longo alcance, e variedades de Manportable Air-Defense Systems (MANPADS), como o US Redeye e o Soviet 9K32 Strela-2, que poderia ser disparado do ombro contra aeronaves voando baixo. A armadura foi muito melhorada durante a Guerra Fria, especialmente em termos de controle de fogo e estabilização de armas (aumentando drasticamente a possibilidade de um ataque certeiro de primeira), manobrabilidade, propriedades anfíbias, resistência NBQ (nuclear, biológica, química) e sobrevivência. Novos tipos de veículos blindados com tração também entraram em serviço, como os transportadores (APCs), como o onipresente M113 dos EUA, e o que hoje chamamos de veículos de combate de infantaria (IFVs), que combinaram as funções de "táxi de batalha" de um APC com armas de torreta ou poder de fogo de mísseis que poderiam enfrentar até mesmo os principais tanques de batalha (MBTs).

Se discutirmos pela maior mudança na guerra convencional, no entanto, poderíamos optar convincentemente pelo poder aéreo. O primeiro avião a jato emergiu na Segunda Guerra Mundial, com jatos alemães como o Me 262, mas durante os anos do pós-guerra a velocidade, a capacidade de combate e o poder bruto dessas aeronaves atingiram níveis surpreendentes à medida que os antigos turboélices caíam quase inteiramente em obsolescência como instrumento de combate. Citando um exemplo da Guerra Fria, o McDonnell Douglas F-4E Phantom tinha velocidade máxima de Mach 2.3 e podia transportar até 8.480 kg de artilharia em uma aeronave de dois lugares, mais que o dobro da carga de uma bomba de uma Fortaleza Voadora B-17 da Segunda Guerra Mundial, que tinha uma tripulação de dez homens e uma velocidade máxima de 462 km/h. Outros jatos marcantes da Guerra Fria incluem o MiG-21 soviético, o Britânico English Electric Lightning e o Francês Dassault Mirage F1. A artilharia que essas aeronaves carregavam também sofreu um salto para frente, incluindo mísseis aéreos guiados (AAMs) que poderiam rastrear e matar aeronaves inimigas a dezenas de quilômetros de distância e um arsenal crescente de munições guiadas de precisão (PGMs) – bombas que poderiam pousar a

Em 1975, o exército soviético tinha um total de 50 divisões de tanques. Aqui os Tanques T-72 roncam pelas ruas russas durante um desfile militar, sempre uma oportunidade útil para os observadores ocidentais verificarem hardware soviético mais recente.

poucos metros do alvo pretendido (embora bombas não guiadas tenham continuado sendo a maior parte das bombas lançadas em guerra até a década de 1990). No mar, a era da Guerra Fria viu o sol se pôr finalmente, enfaticamente, ao longo da era do navio de batalha. O porta-aviões ainda reinou soberano na superfície, especialmente na Marinha dos EUA que, com a USS Enterprise (CVN-65), em serviço a partir de 1961, inaugurou a era do super porta-aviões movido a energia nuclear. Estes navios imensos, carregando mais de 90 aeronaves e abrigando mais numerosamente que os porta-aviões da classe Nimitz, tinham usinas de reator nuclear que podiam dirigir e alimentar a nave por duas décadas sem reabastecer, dando aos navios de guerra alcance quase ilimitado. Alguns submarinos também receberam usinas nucleares, sendo a primeira USS Nautilus (SSN-571), lançada em 1954. O casamento da energia nuclear com o submarino foi ainda mais revolucionário do que navios de superfície nuclear. Isso significava que o submarino poderia fazer patrulhas submersas de muitos meses de duração, vagando no quintal do inimigo invisível. No final da década de 1950, além disso, os primeiros submarinos capazes de lançar mísseis balísticos nucleares debaixo d'água entraram em serviço. Portanto, um único submarino, na década de 1960, havia adquirido a capacidade de destruir várias cidades em um ataque coordenado. Como veremos à medida que avançamos para as guerras e batalhas deste capítulo, no entanto, não era apenas a tecnologia que estava mudando a face da guerra. Apesar do fato de que o mundo pós-guerra tinha mais do que sua justa parcela de conflitos convencionais, esta também podia ser considerada a era da guerrilha, insurgências e terrorismo. Embora as causas de uma guerra de baixo nível sejam quase tão antigas quanto a própria história militar, depois de 1945 elas se tornaram codificadas mais formalmente como rotas táticas para a vitória final, particularmente através de líderes comunistas como o Mao Tsé-Tung da China e o Ho Chi Minh do Vietnã. As décadas de 1950-1980 foram uma era revolucionária, ideologicamente carregada, e a insurgência e o terrorismo ofereceram meios pelos quais até mesmo as organizações mais diminutivas e mal equipadas poderiam fazer sua presença sentida no cenário mundial. Durante esta época, havia poucas nações na terra que não sofreram periodicamente os efeitos do terrorismo dentro de suas próprias fronteiras.

A INFORMATIZAÇÃO E A GUERRA

Sustentando a maioria dos avanços de armas descritos acima foram as mudanças tectônicas na tecnologia eletrônica que ocorram na segunda metade do século XX, particularmente a ascensão da informatização digital e a progressiva miniaturização dos componentes digitais. O primeiro circuito monolítico integrado – o microchip – e o primeiro computador digital de programa

O SM-65 Atlas foi o primeiro míssil balístico intercontinental (ICBM) a entrar no serviço militar dos EUA, e esteve em serviço entre 1959 e 1965. O foguete também teve uma carreira de sucesso como veículo de lançamento espacial.

armazenado surgiram na década de 1950, enquanto na década seguinte surgiu o primeiro sistema de navegação por satélite e, em 1969, a Rede de Agências de Projetos de Pesquisa Avançada (ARPANET), em muitos aspectos o precursor militar da Internet. Embora essas invenções tenham afetado a vida civil tanto quanto a tecnologia militar, elas produziram uma revolução constante no coração de exércitos profissionais e bem financiados. Não somente as armas adquiriram uma precisão de letalidade nunca vista nas gerações anteriores, mas o comando, o controle e as comunicações alcançaram uma extensão e eficiência cada vez maiores, permitindo a coordenação segura de forças globais em tempo real em todo o espaço de batalha. Se isso pode significar algo, foi o desenvolvimento de tecnologias de comunicação que, sem dúvida, foi o mais importante das transformações pós-guerra na prática militar.

CHINA E COREIA

Na China, a Segunda Guerra Mundial foi, na verdade, uma espécie de interrupção de uma guerra civil existente, um conflito entre comunistas e nacionalistas que vinha se arrastando desde 1927. Com os invasores japoneses derrotados, os dois lados se reconectaram com sua antiga luta. O nacionalista Kuomintang, liderado por Jiang Jieshi (Chiang Kai-shek), tinha algumas vantagens no papel: superou o Exército comunista de Libertação Popular (PLA) de três para um em 1946; tinha estruturas e armamentos mais convencionais; e teve o investimento financeiro dos EUA, que contribuiu com mais de US$ 400 milhões para os cofres nacionalistas. Era uma força corrupta e desmoralizada, no entanto, cujo comportamento rapidamente perdeu terreno moral para os comunistas, liderados por Mao Tsé-Tung. Mao, o filho radicalizado de um camponês, reuniu uma força que sofreu muito na campanha, mas que foi altamente motivada, persistente e cada vez mais favorecida pela população civil da China. Mao pregou os princípios da "guerra revolucionária", um caminho gradual para a vitória que funcionou progressivamente desde a insurgência de baixo nível até a batalha aberta. Em 1946-1947, foram os nacionalistas que pareciam ascendentes, vencendo as grandes ofensivas. Mas a força do PLA estava sempre crescendo, e, entre setembro de 1948 e janeiro de 1949, eles tiveram uma vitória maciça na província de Shandong; em 10 de janeiro de 1949, os nacionalistas perderam 250.000 homens em combate, e dezenas de milhares mais através de deserção para o PLA. Tianjin e Pequim caíram para os comunistas em 15 e 22 de janeiro de 1949, respectivamente. De abril de 1948 a abril de 1949, o PLA desmatou continuamente a resistência nacionalista do sul da China, a liderança nacionalista restante fugindo para Formosa (Taiwan) em 10 de dezembro. A essa altura, Mao já havia declarado publicamente a vitória e o estabelecimento da República Popular da China (RPC), em 1 de outubro de 1949. Entre 1945 e 1950, os EUA já se viram envolvidos em fornecer apoio material e financeiro na guerra contra a disseminação do comunismo global. Em 1950, no entanto, iniciou-se um conflito cujas tropas americanas assumiram um papel de combate mais direto neste esforço. Em 25 de junho de 1950, o exército da Coreia do Norte – Estado comunista apoiado pela União Soviética e pela China – invadiu o sul capitalista apoiado pelos EUA, a República da Coreia (ROK), através do paralelo 38, a fronteira geográfica entre as duas ideologias estabelecidas imperfeitamente depois que os ocupantes japoneses foram expulsos em 1945. Em resposta, os EUA enviaram tropas em tarefas de ocupação ao Japão, para conter a maré. No entanto, eles e o exército ROK foram levados incansavelmente para trás, até que eles ocuparam um pequeno perímetro em torno do porto de Pusan no extremo sul. A ONU logo se juntou ao trabalho, com forças multinacionais, incluindo tropas da Grã-Bretanha, Austrália, Canadá e França, o exército poliglota eventualmente contabilizando mais de 16 nações.

MAO TSÉ-TUNG – TRÊS PRINCÍPIOS FUNDAMENTAIS DA GUERRA REVOLUCIONÁRIA

Os princípios fundamentais da guerra revolucionária são vitais para a evolução de muitos conflitos pós-1945. Mao reconheceu que nos estágios iniciais de uma guerra revolucionária, as forças revolucionárias geralmente seriam inferiores aos oponentes do Estado em termos de tamanho e capacidade de combate. Portanto, seu modelo de condução da campanha trabalhou em uma expansão constante e lógica da atividade militar e política. Ele esboçou três estágios centrais da guerra revolucionária:

1.Organização, consolidação e preservação de áreas de base
Durante esta primeira fase, os revolucionários se concentram em construir sua organização em nível de base, estabelecer bases e apoio em áreas remotas, recrutar, disseminar propaganda e adquirir e armazenar armas.

2.Terrorismo/insurgência
Na próxima fase, os revolucionários começam a atacar aos poucos e com frequência, conduzindo assassinatos, ataques limitados a postos avançados isolados, bombardeios, sequestros, sabotagem e emboscadas, desmoralizando e enfraquecendo o inimigo e, ao mesmo tempo, os revolucionários ficam mais fortes e militarmente confiantes. O elemento-chave para este estágio é que os revolucionários evitem grandes batalhas de campo, adotando uma abordagem de atropelamento e fuga.

3.Decisão, ou destruição do inimigo em batalha
Os revolucionários, compondo agora um exército bem equipado e formalmente organizado, move-se para abrir a guerra convencional,

finalmente alcançando a vitória sobre um inimigo já enfraquecido por anos de guerra de atrito.

Este modelo de guerra seria adotado e adaptado por exércitos revolucionários em todo o mundo. As vitórias chinesas na guerra civil, e as do Viet Minh e o Vietnã do Norte entre 1945 e 1975, mostraram que a guerra revolucionária poderia ser uma fórmula vencedora da guerra.

Por fim, a maré comunista foi revertida, especialmente por uma ousada operação de flanqueamento anfíbio pelo General Douglas MacArthur (no comando do Exército das Nações Unidas) no porto de Inchon em 15 de

O desembarque anfíbio dos EUA em Inchon foi um movimento ousado durante a Guerra da Coreia do general Douglas MacArthur. As variações das marés em Inchon mostram como as praias podiam ser usadas apenas 6 a cada 24 horas.

setembro de 1950. O exército da ONU começou uma viagem para o norte, eventualmente afastando o Exército norte-coreano (NKA) de volta para dentro e para cima através do território da própria Coreia do Norte, tomando a capital Pyongyang e avançando sobre Yalu, na fronteira com a China. Justo quando a vitória final parecia inevitável, houve uma grande movimentação – uma China ameaçada enviou centenas de milhares de tropas através da fronteira em novembro de 1950, e seu avanço cessou a maioria dos ganhos da ONU e a empurrou para o Sul. O avanço comunista acabou sendo interrompido pela aplicação de enormes quantidades de poder de fogo da ONU, revertendo o cenário. Foi um cansativo vai e volta. Finalmente, em 1951, a guerra chegou ao impasse em que havia começado originalmente, no paralelo 38. Os combates continuaram esporadicamente com intensidade variada nos dois anos seguintes, até que um Armistício foi assinado em 27 de julho de 1953. Uma das primeiras grandes guerras ideológicas do mundo do pós-guerra terminou com pouca glória para ambos os lados.

SUDESTE ASIÁTICO

A Guerra Franco-Indochinesa

Como a Coreia, a maior parte do Sudeste Asiático foi ocupada pelos japoneses durante a Segunda Guerra Mundial. Assim como na Coreia, mais uma vez, o fim da guerra mundial desencadearia novas forças de cisma, nacionalismo e ideologia, levando a um dos períodos de conflito mais destrutivos e prolongados da história pós-1945. Antes da ocupação japonesa, o que hoje conhecemos como Vietnã, Laos e Camboja eram uma colônia francesa, coletivamente conhecida como Indochina Francesa. Durante a ocupação, as autoridades francesas permaneceram in situ, embora dirigidas pelo regime colaboracionista de Vichy na França. A resistência antijaponesa veio, na verdade, do Exército comunista vietnamita de Libertação Popular (VPLA), liderado por Ho Chi Minh – um dos líderes revolucionários seminais do século XX – e de seu general Vo Nguyen Giap. Quando os franceses tentaram, portanto, voltar a governar a Indochina no final de 1945, os Viet Minh estavam naturalmente relutantes em deixar seu país voltar ao domínio colonial pleno. Os franceses, dessa forma, se viram embarcando no que seria uma guerra de nove anos contra os Viet Minh. De maneira semelhante à Guerra da Coreia, a Guerra da Indochina Francesa atraiu poderosos apoiadores estrangeiros. Os EUA, ansiosos para evitar a propagação do comunismo onde quer que o encontrassem, apoiaram os franceses com quantidades cada vez mais impressionantes de dinheiro e material. O Viet Minh foi apoiado pela União Soviética e, a partir de 1949, a quase criada RPC através da fronteira norte; ter um vizinho comunista poderoso foi uma assistência bem-vinda à logística de Viet Minh, bem como fornecer locais seguros para o treinamento e base Viet Minh. Fiel aos princípios da guerra revolucionária, os Viet Minh travaram uma intensa guerra de insurgência durante os primeiros cinco anos, principalmente no norte da Indochina, que em 1950 estava em grande parte sob o controle de Viet Minh. As forças armadas francesas lutaram para pacificar essas áreas, apesar de uma série de operações brutais, e descobriram que os Viet Minh estavam se tornando progressivamente mais ousados em suas táticas e ambições. Em 1951, Giap decidiu avançar a guerra com uma ofensiva total no Delta do Rio Vermelho. Isto através da quebra de contraposições defensivas francesas, mas ainda assim a guerra estava enraçada em impasse.

Em 1953, os franceses procuraram romper o impasse com uma nova estratégia arriscada. Em novembro, paraquedistas franceses começaram a cair na isolada vila de Dien Bien Phu, no coração do território Viet Minh. O plano era reforçar a posição através do reabastecimento aéreo (engenheiros franceses restauraram uma pista de pouso existente) e a construção de uma série de pontos fortes, fortemente apoiados pela artilharia, e atrair o Viet Minh para uma batalha aberta na qual seriam destruídos pelo poder de fogo francês superior, incluindo seu apoio aéreo próximo. Este plano cometeu o erro fatal de subestimar o oponente. Usando apenas força muscular, o Viet Minh arrastou centenas de peças de artilharia através da selva e as instalou nas colinas ao redor de Dien Bien Phu no vale abaixo; no total, essas armas despejariam 150.000 projéteis em tropas francesas ao longo da batalha. Com dezenas de milhares de infantaria Viet Minh também implantadas na campanha, Dien Bien Phu logo se viu cercada e sob cerco.

O cerco foi um evento marcante na história militar francesa moderna. Durante um período de dois meses, as defesas francesas entraram em colapso constante, apesar de impor causalidades severas sobre os Viet Minh. Progressivamente, todos os pontos fortes caíram nos ataques de infantaria comunista, e os franceses foram espremidos em um trecho cada vez mais estreito de terra. Em 7 de maio de 1954, Dien Bien Phu caiu, uma verdadeira catástrofe para o prestígio militar francês. Dos 15.709 soldados franceses que lutaram lá, mais de 1.700 foram mortos e 11.700 foram feitos prisioneiros, dos quais 4.400 ficaram feridos. Apenas 73 homens conseguiram escapar.

A derrota em Dien Bien Phu pôs fim ao domínio francês sobre a Indochina. Laos, Camboja e Vietnã tornaram-se independentes, embora este último tenha sido temporariamente dividido no paralelo 17, com um Vietnã do Norte comunista e uma República do Vietnã (RVN) apoiada pelos EUA no sul, enquanto aguardavam eleições de reunificação. No entanto, em vez de reunificação, a região iria para mais duas décadas de guerra.

A Guerra do Vietnã

A Guerra do Vietnã foi um evento formativo na história militar dos EUA e ainda é um conto que serve de munição para políticos e estrategistas. O fracasso da reunificação norte/sul levou a uma insurreição comunista no RVN, que corrompeu governos do sul e um fraco Exército da República do Vietnã (ARVN) que lutou para contê-la. Os EUA, ainda ideologicamente comprometidos em impedir a propagação do comunismo global, canalizaram seus habituais altos volumes de dinheiro e material para o Sul, e também aumentaram o número de "conselheiros" militares dos EUA,

Voando sob controle de radar com um destróier Douglas B-66, os F-105 Thunderchiefs dos EUA descarregam suas bombas sobre um alvo militar no sul do Vietnã do Norte durante a Operação Rolling Thunder.

Um bombardeiro americano B-25 Stratofortress descarrega sua temível carga de bombas sobre o Vietnã do Norte durante os ataques Linebacker. Cada aeronave poderia transportar até 32.000 kg de munições.

que durante a primeira metade da década de 1960 caíram frequentemente em papéis de combate. Então, em agosto de 1964, uma série de ataques mal definidos por embarcações de ataque rápido norte-vietnamitas contra o transporte dos EUA no Golfo de Tonkin levou o Congresso dos EUA a aprovar a Resolução do Golfo de Tonkin, sob a qual o presidente Lyndon Johnson efetivamente tinha o poder de enviar tropas de combate dos EUA diretamente para a zona de guerra. Após novos ataques dos Viet Cong (VC) – o título aplicado à Frente de Libertação Nacional insurgente do sul – a bases dos EUA em 1965, Johnson ordenou a implantação das primeiras brigadas dos EUA, o início de uma enorme escalada. No final de 1965, haveria 184.300 tropas americanas no interior; no final de 1968, esse número chegaria a 536.100.

Os EUA, e todos os recursos de seu Exército, Força Aérea, Marinha e Corpo de Fuzileiros Navais vieram agora estar na linha de frente da guerra no Vietnã, ao lado da ARVN. (O papel da ARVN na Guerra do Vietnã era muitas vezes ofuscado pela discussão da campanha dos EUA, mas na verdade conduziu grande parte dos combates durante a guerra e teve um número muito maior de tropas.) Os aliados enfrentaram dois inimigos principais: o Exército Popular do Vietnã (PAVN), que eram as forças armadas regulares do Vietnã do Norte, cada vez mais infiltrados no sul ao longo da "Trilha Ho Chi Minh" através do Laos e Camboja; e a insurgência VC, que muitas vezes trabalhou em estreita colaboração com o PAVN. De 1965 a 1968, os EUA se manifestaram através de uma pesada campanha de bombardeios – Operação Rolling Thunder – dirigida contra a infraestrutura do Vietnã do Norte, enquanto, no Vietnã do Sul, realizou uma série de missões de "busca e destruição" projetadas para encontrar e aniquilar unidades e bases PAVN/VC. A estratégia aliada geral era tão vaga quanto agressiva. O general William Westmoreland, chefe do Comando da Assistência Militar no Vietnã (MACV), focou principalmente os esforços dos EUA no atrito, o sucesso de uma missão julgado puramente por sua contagem de corpos. No entanto, as linhas entre o VC e a população civil eram frequentemente borradas. Portanto, a busca e destruição muitas vezes tinha consequências brutais para as comunidades civis, criando alienação entre as tropas dos EUA e as mesmas pessoas que deveriam estar salvando do comunismo. Isso, por sua vez, ajudou a transformar muito a opinião internacional e dos EUA contra a guerra. Durante a Guerra do Vietnã, como os historiadores frequentemente apontam, as forças dos EUA venceram todas as batalhas que lutaram, mas a guerra pela confiança pública foi uma campanha perdida, até porque o PAVN/VC ainda estava conseguindo infligir baixas significativas gradualmente através de emboscadas, armadilhas e atiradores de elite. No total, os EUA perderiam 58.163 soldados no conflito. A fase de busca e destruição e insurgência da guerra durou até janeiro de 1968, quando Giap – ainda no comando das forças comunistas – lançou uma ofensiva nacional, conhecida como Ofensiva do Tet, na esperança de estimular uma revolta popular no Vietnã do Sul. Em vez disso, a Ofensiva do Tet foi esmagada enfaticamente ao longo de um período de vários meses. Desta vez, os combates foram ferozes guerras a céu aberto, incluindo batalhas urbanas em cidades como Hue, guerra de tanques contra tanques, e cercos ao redor da base aérea de Khe Sanh. Embora a Ofensiva do Tet tenha resultado em baixas maciças para o PAVN, e a destruição virtual do VC, a intensidade dos combates após três anos de implantação de combate dos EUA convenceu muitos de que esta era uma guerra invencível. Assim, a partir de 1969, quando Richard Nixon assumiu a presidência, os EUA começaram uma progressiva retirada de forças, entregando a luta à ARVN através do processo de "vietnamização".

GUERRA DE HELICÓPTEROS

A Guerra do Vietnã não foi o primeiro conflito a ver o uso de helicópteros, mas durante este conflito, aeronaves de asa rotativa foram empregadas em uma escala anteriormente inimaginável. Divisões inteiras foram feitas "aeromóveis", o que significa que milhares de tropas poderiam ser enviadas simultaneamente em operações maciças de ataque aéreo para locais remotos. Helicópteros como o Bell UH-1 'Huey', Boeing CH-47 Chinook e Sikorsky CH-54 Tarhe ofereceram flexibilidade logística em uma zona de guerra caracterizada por selva complexa e terreno montanhoso. Eles também permitiram que as forças americanas implementassem táticas de "martelo e bigorna", implantando uma unidade como uma força de avanço – o martelo – e

outra como uma força de bloqueio – a bigorna – em um local diferente, apertando o inimigo entre os dois. Além disso, o Vietnã viu a aplicação de helicópteros como o AH-1G Cobra, estes servindo como "artilharia aérea" com seus foguetes, canhões e metralhadoras. Mais benignamente, milhares de tropas aliadas feridas seriam salvas pelos esforços dos helicópteros "medevac" (evacuação médica), os pilotos frequentemente voando no meio de intensos tiroteios para resgatar os feridos.

A guerra entre 1970 e 1975 viu o PAVN lançar novas grandes ofensivas, a maior (a Ofensiva de Páscoa) em 1972, enquanto a ARVN, apoiada pelos EUA, fez incursões nas vizinhas Camboja e Laos contra as linhas de abastecimento comunistas. Em 1973, no entanto, os EUA retiraram suas últimas tropas de combate, e o Vietnã do Sul ficou, em sua maioria, sozinho. O ato final ocorreu em 1975, quando uma ofensiva da PAVN invadiu as linhas de combate da ARVN e tomou Saigon no final de abril, a última das forças diplomáticas, militares e de segurança dos EUA, ignominiosamente transportadas por helicópteros para sua retirada. Apesar dos esforços da maior superpotência do mundo para evitar que o Vietnã do Sul caísse para os comunistas, em 1975 o Vietnã do Norte e do Sul tornaram-se um só Estado comunista unificado.

O ORIENTE MÉDIO

O Oriente Médio tem tido o infeliz status de estar em um estado de conflito quase constante desde 1945. As sementes dessas guerras são um choque aparentemente intratável de religiões, culturas e interesses territoriais, compostos pelo recuo do colonialismo, a relevância do petróleo (o Oriente Médio produz cerca de 35% da produção global de petróleo, mas também detém cerca de 70% das reservas globais) e poderoso envolvimento externo.

Guerras Árabe-Israelenses

De todos os motivos por trás das guerras do Oriente Médio, nenhum é maior do que a frágil e sangrenta relação entre Israel e seus vizinhos árabes. Em 14 de maio de 1948, o Estado de Israel foi fundado a partir do mandato britânico da Palestina como uma pátria para o povo judeu. Este ato desencadeou um revés regional instantâneo dos estados árabes, que tentaram extinguir o estado recém-fundado, e desde o primeiro dia de sua existência Israel estava em guerra.

A Primeira Guerra árabe-israelense durou de maio de 1948 a julho de 1949, e contou com apenas 30.000 pessoas das forças de defesa israelenses (FDI) contra as forças armadas combinadas do Egito, Iraque, Líbano, Síria e Jordânia, além de árabes palestinos. Em um ato de extraordinária habilidade militar e motivação, que viria a caracterizar o modo de guerra israelense, a FDI triunfou, revertendo as vitórias árabes iniciais até que, na época de um cessar-fogo mediado pela ONU em julho de 1949, Israel estava em posse de todo o antigo mandato britânico, incluindo a Cisjordânia e a Faixa de Gaza. Israel estava seguro, por enquanto, mas escaramuças e incidentes transfronteiriços eram uma ocorrência regular entre Israel e os estados árabes circundantes. A próxima fase da guerra aberta ocorreu em 1956, desencadeada quando o presidente egípcio, Gamal Abdel Nasser, fechou o Golfo de Aqaba, cortando o movimento do transporte marítimo israelense de seu porto sul de Eilat, e em seguida, nacionalizou o Canal de Suez, na época propriedade da Grã-Bretanha com grandes investidores franceses. Temendo que o Egito estivesse planejando uma nova ofensiva contra eles e irritada com as restrições impostas ao seu comércio marítimo, Israel conspirou secretamente com a Grã-Bretanha e a França para resolver a questão de forma coordenada – os britânicos estavam particularmente interessados em ver o Canal retornar à sua propriedade. Assim, em 29 de outubro de 1956, a FDI invadiu a Península do Sinai, afastando as forças egípcias, enquanto a Grã-Bretanha e a França declararam que

Tanques israelenses avançam no Sinai durante a Guerra dos Seis Dias. O Corpo Blindado da IDF demonstrou consistentemente habilidades superiores de manobra e artilharia durante o conflito.

interviriam para tomar e proteger o Canal de Suez, ostensivamente para mantê-lo aberto ao transporte internacional durante o tempo de guerra. Em 31 de outubro, uma força anglo-francesa combinada começou a realizar grandes implantações aéreas sobre Porto Saíde e o Canal de Suez, mesmo quando a FDI avançou e assumiu o Sinai.

O que ficou conhecida como a "Crise de Suez" precipitou uma resposta indignada da comunidade internacional. As superpotências americanas e soviéticas, o Parlamento britânico e grande parte do mundo islâmico ficaram furiosos com a intervenção, e a Grã-Bretanha ficou sob forte pressão financeira e diplomática para parar a guerra. Curvando-se à oposição, os europeus foram obrigados a se retirar de Suez após um cessar-fogo intermediado pelos EUA/ONU em 7 de novembro; os israelenses também se retiraram de suas conquistas do Sinai em março de 1957, tendo alcançado seu principal propósito de libertar o Golfo de Aqaba para seu transporte marítimo.

Acredita-se que o caminhão basculante que destruiu o quartel do Corpo de Fuzileiros Navais dos EUA em Beirute em outubro de 1983 continha cerca de 5.400 kg de explosivos. A detonação desmoronou completamente o prédio de quatro andares.

Como ocorreria tantas vezes nas guerras árabes-israelenses, uma guerra simplesmente pavimentava o caminho para a próxima guerra. O Egito, em particular, procurava oportunidades para se reafirmar na região. Em maio de 1967, após a expulsão por parte do Egito de pacificadores dos EUA na região, os exércitos árabes em torno de Israel pareciam estar se reunindo nas fronteiras israelenses para ações ofensivas. O Golfo de Aqaba foi, mais uma vez, fechado para o transporte marítimo israelense. O governo israelense decidiu que o melhor curso de ação desta vez seria um ataque preventivo contra seus inimigos e, quando lançou isso, em 5 de junho de 1967, eles iniciaram uma demonstração quase didática de superioridade militar. A ação começou com devastadores ataques aéreos israelenses no início da manhã contra as forças aéreas árabes, destruindo centenas de aeronaves em questão de horas; o Egito quase não tinha uma força aérea no final do primeiro dia. Em seguida, a armadura e a infantaria da IDF atravessaram as fronteiras, e, apesar dos intensos combates em muitos lugares, dominaram os exércitos árabes supercentralizados com suas dinâmicas e muitas vezes tomadas de decisões táticas radicais. Contra o Egito, a IDF invadiu toda a Península do Sinai e estabeleceu-se na margem leste do Canal de Suez. Ao norte, Israel tirou as importantes e estratégicas Colinas de Golã dos sírios, enquanto os jordanianos foram incapazes de impedir que Israel ocupasse Jerusalém Oriental e toda a margem oeste do rio Jordão. Tudo isso foi conseguido de 5 a 10 de junho, por isso o conflito foi rotulado como a Guerra dos Seis Dias. Com a Guerra dos Seis Dias, a FDI estabeleceu-se como indiscutivelmente o exército moderno mais profissional e comprovado em combate do mundo. Também remodelou o mapa do Oriente Médio, com Israel literalmente dobrando seu território e estabelecendo fronteiras mais defendíveis. Certamente não havia paz. A "Guerra do Atrito", três anos de bombardeios e incursões de artilharia transfronteiriços, manteve o Egito e Israel em uma base de combate ativa. Além disso, a partir de 1970, o novo presidente egípcio, Anwar Sadat, começou a planejar uma nova ofensiva árabe contra Israel, que foi lançada, com um impressionante grau de surpresa, em 6 de outubro de 1973, o Dia Judaico da Expiação, ou Yom Kippur.

O ataque egípcio foi conduzido com um novo profissionalismo. Tendo atravessado o Canal de Suez em um sofisticado ataque anfíbio, o exército egípcio avançou para o Sinai e estabeleceu posições defensivas sob um guarda-chuva denso de mísseis SAM fornecidos pelos soviéticos para conter a Força Aérea israelense (FAI), enquanto a infantaria estava equipada com centenas de mísseis antitanque AT-3 e RPG-7 para neutralizar o inevitável contra-ataque blindado da FDI. As perdas da FDI foram consequentemente pesadas e, por um tempo, parecia que os árabes poderiam ter uma tática vencedora. Nas Colinas de Golã, a Síria – o outro importante jogador árabe na Guerra do Yom Kippur – também fez alguns fortes avanços iniciais. Mas, então, tanto o Egito quanto a Síria se excederam, e a resiliente FDI explorou vigorosamente as aberturas táticas. Nas Colinas de Golã, um imenso conflito de veículos blindados resultou na perda de cerca de 900 tanques pelo exército sírio e na FDI avançando, diminuindo a distância de sua marcha até Damasco. No Sinai, as forças egípcias foram superadas, cercadas e expulsas, novamente com alguns grandes combates entre blindados – uma batalha de 14 de outubro envolveu cerca de 2.000 tanques em ação. As unidades da FDI acabaram avançando sobre o Canal de Suez, e apenas um cessar-fogo negociado pelos EUA em 24 de outubro fez com que o conflito, outra grande derrota árabe, terminasse em 24 de outubro.

Como na Guerra dos Seis Dias, a Guerra do Yom Kippur não trouxe paz. Terrorismo e retaliações israelenses atormentavam a região constantemente. Em junho de 1982, Israel invadiu o sul do Líbano na tentativa de afastar a Organização de Libertação da Palestina (OLP) – o principal movimento de resistência anti-Israel no Oriente Médio – e as forças sírias que haviam interferido na amarga guerra civil do Líbano, que se arrastava desde 1975. Estabelecendo a superioridade aérea sobre as defesas aéreas sírias, a FDI avançou constantemente pelo sul do Líbano até que estava já adentrando Beirute. Embora a operação estivesse seguindo o plano militar da FDI, a pressão internacional aumentou sobre Israel para se retirar, especialmente após o massacre, por milícias cristãs apoiadas pelos israelenses, de muitas centenas de refugiados palestinos nos campos de refugiados de Sabra e Chatila. Em 1983, os israelenses se retiraram e uma força multinacional de manutenção da paz foi enviada para Beirute. Em um exemplo terrível de como as guerras árabe-israelenses poderiam atrair outros em conflito, dois enormes bombardeios em Beirute posteriormente mataram 58 soldados franceses e 241 fuzileiros navais dos EUA.

GUERRA IRÃ-IRAQUE

Embora as guerras árabe-israelenses tenham alimentado grande parte do conflito no Oriente Médio ao longo da segunda metade do século XX, esses problemas não foram a fonte de grandes guerras na região. Entre 1980 e 1988, o Irã e o Iraque travaram uma guerra que matou cerca de um milhão de pessoas e feriu centenas de milhares. A guerra começou pouco depois de Saddam Hussein tomar o poder no Iraque em julho de 1979. A invasão, lançada em setembro de 1980, era ostensivamente sobre uma disputa pela propriedade da hidrovia Shatt al-Arab, mas provavelmente estava relacionada ao desejo de Saddam Hussein de aumentar sua influência regional e poder político. O Irã, por sua vez, tinha sido militarmente enfraquecido por uma revolução recente. O Exército iraquiano, uma força relativamente moderna e profissional, inicialmente fez um bom progresso em sua campanha, mas a resposta iraniana se intensificou constantemente em sua tenacidade e fez com que o ataque iraquiano parasse. A guerra depois disso desceu em grande parte para um terrível impasse, ambos os lados lançando ataques infrutíferos que eram altos em custo humano e baixos em ganho territorial. A guerra até viu o uso de armas químicas, mas eventualmente a ONU patrocinou um cessar-fogo em agosto de 1988. As ambições regionais do Iraque permaneceram inalteradas, no entanto, e levariam à sua invasão no Kuwait em 1990 (ver próximo capítulo).

GUERRAS GLOBAIS

Enquanto neste capítulo nos concentramos principalmente em grandes guerras internacionais, na realidade o mundo entre 1945 e 1990 era uma tapeçaria de conflitos, tanto grandes quanto menores, afetando todos os continentes. Muitos desses conflitos foram gerados por movimentos nacionalistas pós-1945, diminuindo a autoridade das potências coloniais europeias ou lutando contra as guerras civis deixadas após a independência.

Os britânicos, por exemplo, travaram uma campanha de contrainsurgência de 12 anos (1948-1960) na Malásia para suprimir o movimento de independência comunista, o Exército de Libertação das Raças Malaias (MRLA). Este esforço foi realmente razoavelmente bem-sucedido, desenvolvendo no processo um corpo eficaz da doutrina e experiência britânica contra insurgência, mas em 1957 a Grã-Bretanha ainda concedeu à Malásia sua independência. Os britânicos também

O míssil terra-ar (SAM) FIM-92 Stinger foi amplamente distribuído pelos Estados Unidos aos insurgentes mujahidin para combater as ameaças de aeronaves soviéticas durante a Guerra Soviético-Afegã de 1979-1989.

conseguiram suprimir a rebelião do movimento tribal "Mau-Mau" no Quênia entre 1953 e 1955, em parte através da cooperação inteligente e brutal dos povos locais. (O Quênia tornou-se um país independente da Comunidade em 1963.) A mais longa das implantações contínuas da Grã-Bretanha (na história, não apenas no século XX), no entanto, estava muito mais perto de casa. A Operação Banner – a operação militar de segurança na Irlanda do Norte – começou em 1969 e foi mantida até 2007. O que começou como uma missão bem-vinda para separar comunidades católicas e protestantes em guerra tornou-se, aos olhos dos nacionalistas católicos representados militarmente pelo Exército Republicano Irlandês (ERI), uma ocupação odiada. O resultado foi um incessante disparo semanal de bombardeios, tiroteios, assassinatos e emboscadas, principalmente na Irlanda do Norte, embora eles também tenham se espalhado para o continente britânico. Quando os "problemas" terminaram, provocados principalmente pela assinatura do Acordo da Sexta-Feira Santa em 1998, cerca de 722 militares britânicos haviam morrido em ataques paramilitares, com 719 mortes por outras causas e mais de 6.000 feridos. No início da década de 1980, a Grã-Bretanha travou uma guerra muito diferente das operações de contrainsurgência e contraterrorismo que caracterizaram as campanhas acima. Em março de 1982, a Argentina invadiu a Geórgia do Sul e as Ilhas Malvinas, posses britânicas no profundo Atlântico Sul, cumprindo o que a Argentina via como uma reivindicação de longa data sobre as ilhas. A ocupação inicial, apesar de um breve período de resistência feroz de um pequeno grupo de Fuzileiros Reais, foi alcançada rapidamente e a vitória foi proclamada. Em questão de dias, no entanto, a Grã-Bretanha montou uma poderosa Força Tarefa de poder naval, aéreo e terrestre, e navegou os 13.000 km para recuperar as ilhas. Seria uma campanha muito disputada. A força aérea argentina teve um grande impacto no transporte marítimo britânico, afundando sete navios, incluindo o navio mercante Atlantic Conveyor que transportava quase todos os helicópteros de transporte

O destróier Ahe HMS Sheffield queima incontrolavelmente após ser atingido por um míssil antinavio ao redor das Ilhas Malvinas em 4 de maio de 1982.

pesado do tipo Chinook da infantaria. No entanto, os britânicos conseguiram desembarcar e, depois de uma longa caminhada através das Malvinas e várias batalhas de infantaria, Porto Stanley, capital das Malvinas, foi libertada em 14 de junho. A vitória foi o ponto alto das fortunas militares britânicas após a Segunda Guerra Mundial. Compondo a perda da Indochina, os franceses também travaram uma longa e finalmente perdida guerra entre 1954 e 1967 para manter sua colônia da Argélia, contra a Frente Libération de Nationale (FLN). Ao sul, a África subsaariana sofreu sob alguns dos mais sangrentos conflitos civis e pós-coloniais do século, especialmente no Congo, Biafra, Angola, Moçambique, Guiné e Rodésia. O subcontinente indiano, atormentado pela violência desde a independência e partição em 1947, também experimentou tumultos repetidos. A Índia lutou contra a China em uma guerra fronteiriça em 1962 e o Paquistão em 1947-1958, 1965 e novamente em 1971. A guerra de 1971 viu forças blindadas indianas e paquistanesas travarem chifres em uma das maiores batalhas de tanques desde a Segunda Guerra Mundial, travada no sul da Caxemira em 6 de dezembro de 1971. A Índia finalmente reivindicou a vitória, um triunfo que levou à independência de Bangladesh.

A meio mundo de distância, a América Central e do Sul foram atormentadas por inúmeras guerras revolucionárias, a América Latina fornecendo terreno fértil para insurgências extremistas e governos ditatoriais tanto à esquerda quanto à direita da política. A revolução cubana de 1959 sob Fidel Castro incorporou o comunismo ao estilo soviético na América Latina, e iniciou uma luta ideológica que afetou quase todas as nações, em alguns casos os conflitos civis que se passaram por décadas, não anos. Alguns dos estados mais afetados incluíram Nicarágua, Guatemala, Venezuela, Colômbia, Bolívia, Uruguai, Chile e Argentina. A maioria dos combates consistia em ações clássicas de insurgência de pequenas unidades, mas muitas vezes colocavam as populações civis em uma posição precária e aterrorizante entre os lados em guerra.

E a União Soviética, a superpotência cuja sombra é percebida no fundo de muitos dos conflitos descritos neste capítulo? Em 1989-1991, precipitado por uma base de fatores econômicos, políticos e sociais, o comunismo desvendado na União Soviética e na Europa Oriental, levando mais simbolicamente à queda do Muro de Berlim em novembro de 1989, à reunificação alemã em 1990 e à dissolução da União Soviética em 1991. Um dos fatores que alimentou o colapso da União Soviética foi a desastrosa guerra que travou no Afeganistão entre 1979 e 1989. Forças soviéticas invadiram o Afeganistão em grande número em 25 de dezembro de 1979, tentando manter um regime pró-soviético em Cabul contra mujahideen islâmicos ("guerreiros sagrados"). Enquanto os soviéticos traziam consigo sua panóplia militar convencional, incluindo navios de guerra, artilharia e armaduras pesadas, eles acabaram presos em uma guerra em uma região remota e muitas vezes montanhosa, um tipo de guerra para a qual eles eram inadequados. Embora os soviéticos certamente tenham imposto muitas baixas sobre os mujahideen e a infeliz população civil, eles nunca foram capazes de ganhar a devida tração sobre o inimigo. Assim, dez anos depois, com cerca de 14.500 soldados soviéticos mortos e quase 54.000 feridos, os soviéticos finalmente desistiram da luta e se retiraram, deixando o Afeganistão sentir mais dor em uma guerra civil – uma que levou à vitória do grupo extremista Talibã em 1996.

O desastre soviético no Afeganistão, a derrota estratégica dos EUA no Vietnã, a expulsão de muitas potências coloniais antigas – o período de 1945-1990 sinalizou uma transformação na ordem mundial. Embora houvesse certamente muitas guerras convencionais durante este período, o campo de batalha parecia estar mudando para insurgência e contrainsurgência, guerras de baixo nível com resultados decididos mais pela duração do que pela força das armas. À medida que avançamos pela década de 1990 e nos anos 2000, no entanto, a guerra moderna tornou-se ainda mais complexa para luta

Guerrilheiros Contra na Nicarágua, 1987. Os Contras lutaram contra o governo nicaraguense por mais de uma década e receberam apoio financeiro e material dos Estados Unidos.

CAPÍTULO 7
A NOVA ERA DA GUERRA

Desde a Guerra do Golfo de 1991 até os dias atuais, o estado de guerra tem sido uma complexa tapeçaria de guerras civis, atos ultrajantes de terrorismo e grandes conflitos internacionais. Olhando para o futuro, a avançada tecnologia digital parece ser a força modeladora por trás do futuro da guerra, mas as formas mais antigas de combates permanecem persistentes e provavelmente assim continuarão no futuro.

Em 2 de agosto de 1990, as forças armadas do ditador iraquiano Saddam Hussein cruzaram a fronteira sudeste do país em direção ao Kuwait. Embora o exército iraquiano estivesse concentrado na fronteira por vários dias, o mundo interpretou esse acúmulo como pouco mais do que belicosidade; Saddam estava tentando fazer seu vizinho render-se a uma série de demandas relacionadas a disputas sobre campos de petróleo e dívidas iraquianas da Guerra Irã-Iraque. A comunidade internacional, no entanto, interpretou completamente mal as intenções de Saddam. Em 48 horas, o Kuwait foi totalmente ocupado e anexado pelo Iraque.

No entanto, se houve falhas de inteligência por parte das potências mundiais, a crença de Saddam de que o Kuwait continuaria a ser a 19ª província do Iraque foi igualmente equivocada. Estimulado pela preocupação de que o Iraque poderia potencialmente invadir a Arábia Saudita e, assim, desabilitar as bases do suprimento global de petróleo, em

Um bombardeiro americano B-2 Spirit, uma das novas gerações de "aeronaves furtivas" com perfis de detecção de radar excepcionalmente baixos, lança uma série de bombas Mk 82 durante um exercício de treinamento em 1994.

agosto-novembro de 1990 uma grande coalizão internacional foi formada, liderada pelos EUA como o participante dominante, e enviada em massa para a Arábia Saudita como parte da Operação Escudo do Deserto, de orientação defensiva. Apesar das sanções da ONU, um bloqueio econômico e as nuvens de tempestade militares se acumulando em seu horizonte, Saddam manteve provocativamente sua nova aquisição. Em 18 de novembro, as Nações Unidas aprovaram a Resolução 678, que deu às forças iraquianas um prazo até 15 de janeiro de 1991 para se retirarem do Kuwait ou serem expulsos pela força militar.

DOMINÂNCIA TOTAL DO ESPECTRO

Em 16 de janeiro de 1991, com as forças iraquianas ainda inalteradas no Kuwait, a Coalizão mudou-se para uma posição ofensiva. As forças terrestres da Coalizão agora somavam mais de 280.000 soldados de combate e 2.200 tanques de bases terrestres em toda a Europa e Oriente Médio e de porta-aviões dos EUA no Golfo Pérsico. De 16 de janeiro a 22 de fevereiro, a Coalizão desencadeou uma das maiores campanhas aéreas desde a Segunda Guerra Mundial, com incansáveis missões 24 horas por dia, bem como mísseis de cruzeiro navais Tomahawk atingindo instalações militares iraquianas, sistemas de comando e controle, bases aéreas, depósitos de armazenamento, veículos blindados, bunkers de comando e outros alvos com precisão letal. Essa campanha aérea de 42 dias, que envolveu 100.000 missões da Coalizão, devastou a funcionalidade militar do Iraque. A Força Aérea Iraquiana foi efetivamente exterminada (140 aeronaves e pilotos de fato decolaram e fugiram para o Irã) e a retaliação por meio de mísseis balísticos Scud foi preocupante, mas, no fim, irrelevante.

Então, em 24 de fevereiro, o componente ofensivo terrestre da Operação Tempestade no Deserto foi desencadeado – um enorme avanço em três frentes por formações de coalizão de corpo de exército através do Iraque e no Kuwait. Antes da invasão, havia muita preocupação da Coalizão e da mídia sobre o que Saddam Hussein previu que seria "a

Os tanques US M1 Abrams avançam em velocidade durante a Operação Tempestade no Deserto, 1991. O Abrams é um tanque de terceira geração, com um motor de turbina multicombustível e controle de fogo computadorizado avançado

mãe de todas as batalhas". O Iraque, afinal, tinha um dos exércitos mais imponentes do Oriente Médio – cerca de 900.000 soldados, muitos deles combatentes experimentados na Guerra Irã-Iraque, 5.700 tanques e 3.700 peças de artilharia. No entanto, como rapidamente se tornou evidente, as forças iraquianas foram completamente superadas pelo profissionalismo, comando e controle dinâmicos, sistemas de armas e táticas da Coalizão. Batalhões iraquianos inteiros de tropas foram forçados a se render por ataques aéreos aterrorizantes. Veículos blindados eram muitas vezes destruídos por munições guiadas de precisão (PGMs) lançadas pelo ar poucos minutos depois de sair da cobertura, suas posições detectadas por sistemas superiores de reconhecimento e vigilância da Coalizão (incluindo vigilância por satélite). Os tanques iraquianos que enfrentaram o M1 Abrams dos EUA ou os Challengers britânicos eram frequentemente destruídos por artilharia superior antes mesmo de terem feito o reconhecimento visual de seu inimigo. A infantaria iraquiana que escolheu lutar, incluindo a suposta elite Guarda Republicana Iraquiana, foi rapidamente esmagada, dispersa ou compelida a se render pela artilharia e manobra da Coalizão. Para todos os efeitos, foi uma derrota. A Coalizão garantiu a vitória em apenas 100 horas do início da campanha terrestre. Um cessar-fogo foi assinado e as forças iraquianas ainda de pé foram obrigadas a deixar o Kuwait.

Para os EUA, essa vitória relativamente "limpa" de muitas maneiras parecia exorcizar os fantasmas da Guerra do Vietnã. Parecia demonstrar o Santo Graal do que alguns pensadores militares chamavam de "Dominância de Espectro Total", indicando a superioridade militar esmagadora em todas as áreas do espaço de batalha – terra, ar, mar, espaço – por meio de uma combinação de tecnologias avançadas e integradas (especialmente comunicações e vigilância em rede), profissionalismo das forças e poder de fogo invencível. Para alguns, a Operação Tempestade no Deserto augurava uma nova era na história da guerra, na qual as forças armadas modernas dos EUA e os parceiros da Coalizão seriam inatacáveis. Como a história mostraria, no entanto, tais expectativas eram prematuras.

GUERRA PÓS-COMUNISMO

Com o colapso do comunismo e a dissolução da União Soviética, toda a ordem mundial foi transformada, inclusive militarmente. O que tinha sido o Exército Soviético foi constantemente dividido entre estados agora independentes e estados que faziam parte da Federação Russa, e anos de turbulência e fraqueza se seguiram. As Forças Armadas da Federação Russa ainda podiam se considerar uma das maiores forças armadas do mundo – em 1996 tinha 670.000 soldados diretamente sob o controle de Moscou e milhares de veículos blindados, peças de artilharia, mísseis e aeronaves, além de seu inventário nuclear. Mas a realidade no terreno era menos auspiciosa. Dificuldades econômicas, corrupção e uma cultura generalizada de bullying enfraqueceram tanto o moral quanto a capacidade de combate das tropas russas. A deserção tornou-se endêmica;

houve numerosos casos de jovens recrutas sendo literalmente intimidados até a morte; equipamentos muito avançados ficaram enferrujados e sem manutenção ou foram roubados.

A natureza decaída do antigo exército soviético não poderia ter se demonstrado de forma mais terrível do que na guerra da Rússia na Chechênia em 1994-1996. A partir de 1991, os movimentos secessionistas ganharam força na república da Chechênia, um país montanhoso no norte do Cáucaso, levando a um golpe antirrusso e declarando independência da Federação Russa. Em dezembro de 1994, as forças russas invadiram a Chechênia em força, confiantes de que sua preponderância de tropas, blindagem, artilharia e poder aéreo logo traria a república recalcitrante de volta ao rebanho. Em vez disso, eles se viram enfrentando resistência de tenacidade impassível, os chechenos utilizando uma mistura de guerra convencional e de insurgência para infligir graves baixas às unidades russas. A guerra tornou-se uma guerra de atrocidades e contra-atrocidades. Por exemplo, os russos arrasaram a cidade de Grozny em sua campanha opressiva para protegê-la, durante a qual eles perderam quase 2.000 tanques em emboscadas antitanques nas ruas.

BULLYING NO EXÉRCITO RUSSO

Historicamente, a intimidação de novos recrutas faz parte das culturas militares, especialmente aquelas com baixos padrões de profissionalismo e baixo moral. No exército russo soviético e pós-comunista, a intimidação atingiu níveis verdadeiramente grotescos, possivelmente resultando na morte de centenas de jovens recrutas todos os anos por suicídio ou violência direta. O fenômeno ficou conhecido como dedovshchina, ou "reinado dos avós", referindo-se ao fato de que soldados que estavam pelo menos na metade do serviço militar eram chamados dedy (avôs), com total autoridade sobre a vida dos novos recrutas ou molodoy

(jovens). Essencialmente, os molodoys tornaram-se os servos brutalizados do dedy, sujeitos a rituais de humilhações diários, confiscos de dinheiro e comida, e espancamentos severos, às vezes letais, ou "acidentes" se o jovem recruta não conseguisse agradar seu mestre. A Dedovshchina teve um efeito significativo no moral, recrutamento e retenção do Exército russo na década de 1990, e ingressar nas forças armadas tornou-se algo a ser evitado. Desde então, o exército russo tem feito esforços conjuntos para acabar com os piores excessos.

Embora os russos tenham finalmente tomado Grozny, eles se viram presos em uma prolongada guerra de guerrilha da qual lutaram para escapar. Finalmente, em maio de 1997, um tratado de paz provisório foi assinado, e os russos se retiraram, abandonando possivelmente 80.000 chechenos mortos e 5.700 de suas próprias tropas.

Esta não seria a última incursão russa na Chechênia. A Rússia travaria outro conflito muito mais longo no país entre 1999 – o ano em que Vladimir Putin se tornou o primeiro-ministro russo – e 2009, desencadeado quando jihadistas islâmicos da Chechênia invadiram a república russa do Daguestão em agosto de 1999. A fase convencional da guerra durou de agosto de 1999 até maio de 2000 e, como anteriormente, foi feroz. No entanto, o exército russo era um animal em mudança no início dos anos 2000. Um programa de reformas militares estava começando a dar frutos em táticas aprimoradas, e a dependência russa do poder de fogo em vez de táticas de curta distância significava baixas reduzidas. Grozny caiu após pouco mais de um mês de cerco e, depois disso, a guerra se espalhou pelas regiões montanhosas, mas na primavera de 2000 a maioria dos principais centros de resistência havia sido suprimida. A Rússia continuaria lutando uma longa guerra de guerrilha de variável intensidade e experimentou as consequências do terrorismo checheno em seu próprio solo, mas em abril de 2009 a fase de contra-insurgência das operações foi declarada completa.

A guerra na Chechênia não foi o único conflito semeado pela dissolução do comunismo. Durante a década de 1980, a Iugoslávia experimentou um aumento na tensão étnica, religiosa e regional à medida que os laços de ferro do comunismo começaram a se afrouxar. Os problemas se intensificaram com a eleição do agressivamente nacionalista Slobodan Milošević como líder da Sérvia em 1987. A visão de Milošević para uma "Grande Sérvia" levou, no início dos anos 1990, a uma tentativa malsucedida de dividir a Iugoslávia em várias identidades federadas e regionais, e, na primavera de 1992, a agora ex-Iugoslávia foi mergulhada em uma guerra civil que dilacerou seus povos por mais de quatro anos. A guerra foi particularmente dura para as populações civis (como as guerras sempre são); muitas cidades e aldeias foram destruídas nos processos de limpeza étnica, particularmente na Bósnia-Herzegovina, cuja capital, Sarajevo, sofreu um cerco das forças sérvias bósnias que durou pouco menos de três anos e quatro semanas. A comunidade internacional se esforçou para ficar fora da guerra até o massacre, novamente por sérvios bósnios, de 7.000 homens bósnios de Srebrenica em julho de 1995, após o qual a OTAN respondeu primeiro impondo uma zona de exclusão aérea contra aeronaves sérvias e mais tarde por meio de ataques aéreos a alvos sérvio-bósnios. Essa intervenção acabou empurrando as partes beligerantes para a mesa de negociação, e os Acordos de Dayton, assinados em dezembro de 1995, trouxeram um final desconfortável para o conflito, embora com o envio de 60.000 soldados de paz.

A ex-Iugoslávia permaneceu uma entidade inquieta ao longo da década de 1990, e, nos últimos anos da década, as tensões étnicas mais uma vez se transformaram em guerra, desta vez centrada na província sérvia de Kosovo. Entre 1996 e 1998, o Exército de Libertação do Kosovo (KLA) de etnia albanesa iniciou uma campanha cada vez maior de resistência guerrilheira contra o que eles viam como invasões da autoridade sérvia. Isso levou, em 1998, a uma campanha sérvia e iugoslava em Kosovo, que logo se transformou em atos horríveis de limpeza étnica e na eventual expulsão de quase todos os albaneses étnicos do território. Somente após uma campanha de bombardeios da OTAN de 11 semanas contra alvos sérvios foi que um acordo de paz foi finalmente acordado e centenas de milhares de albaneses kosovares autorizados a retornar. A ex-Iugoslávia permanece em estado de tensão até hoje.

AFEGANISTÃO E IRAQUE

Se a Guerra do Golfo de 1990-1991 foi a suprema demonstração da superioridade militar ocidental, as guerras no Afeganistão e no Iraque de 2001 até, de uma forma ou de outra, os dias atuais, foram um corretivo sério para qualquer celebração duradoura. Eles também representam um dos maiores geradores de conflitos do mundo moderno – aquele entre o Ocidente (ou culturas de orientação similar) e o Islã radical.

O terrorismo islâmico foi um fenômeno persistente em todo o mundo desde a década de 1970 até o início dos anos 2000. Mas pouco preparou o mundo para o que ocorreu em 11 de setembro de 2001, quando terroristas da Al-Qaeda sequestraram quatro aviões domésticos dos EUA em voo, colidindo dois deles com o World Trade Center – ambas as torres desmoronaram posteriormente – e um com o Pentágono, enquanto o quarto caiu na Pensilvânia. Um total de 2.977 pessoas foram mortas em solo americano naquele dia, de longe a pior atrocidade terrorista da história. Os ataques incentivaram os EUA de uma maneira não vista desde Pearl Harbor. Eles logo se juntaram a aliados importantes da comunidade internacional, que juntos procuraram responder com força, não apenas contra a Al-Qaeda, mas também contra aqueles que os abrigavam e protegiam. O primeiro alvo foi o Afeganistão, onde a Al-Qaeda se baseou sob o guarda-chuva simpático do governo talibã. Depois que o Talibã se recusou a entregar Bin Laden, o envolvimento direto dos EUA aumentou, concentrando-se primeiro em fornecer apoio da CIA e das Forças Especiais ao grupo antitalibã da Aliança do Norte no

Afeganistão, mas progredindo rapidamente para ataques aéreos e envios de tropas em larga escala. Juntas, as forças dos EUA e a Aliança do Norte rapidamente derrubaram o Talibã como parte da Operação Liberdade Duradoura, capturando Cabul e Kandahar no processo. Em dezembro de 2001, tropas americanas, afegãs e paquistanesas travaram uma grande batalha em Tora Bora, o reduto montanhoso do complexo de cavernas de Bin Laden, a sudoeste de Jalalabad. Apesar de infligir pesadas baixas à Al-Qaeda e lançar toneladas de artilharia sobre a montanha, a missão não teve sucesso e Bin Laden escapou.

AL-QAEDA

A Al-Qaeda (literalmente "A Base") é uma organização militante extremista islâmica que foi formada no final dos anos 1980 por Osama bin Laden, que viria a ser o mentor dos ataques de 11 de setembro nos EUA. O grupo surgiu no Afeganistão durante os estágios finais da guerra contra os soviéticos, e depois o conflito tomou seu foco como jihad (guerra santa) contra os EUA, a cultura ocidental e contra estados e povos islâmicos que cortejavam estilos de vida e governos ocidentais. Durante a primeira metade da década de 1990 estava sediada no Sudão, mas transferiu sua sede para o Afeganistão em 1996, onde cresceu em força, alcance e ousadia de suas atividades. Com dezenas de milhares de membros espalhados pelo mundo, a Al-Qaeda cometeu uma série de ataques cada vez mais audaciosos, incluindo o bombardeio das embaixadas dos Estados Unidos em Nairóbi, no Quênia, e Dar es Salaam, na Tanzânia, em 1998, e um atentado suicida contra o destróier americano Cole em Aden, Iêmen, em 2000. No entanto, foram os ataques de 11 de setembro nos EUA que fizeram da Al-Qaeda a organização terrorista mais caçada do planeta. Mesmo diante de uma vasta campanha militar e de inteligência internacional e da

descoberta e morte de Osama bin Laden em 2011 no Paquistão por uma equipe das Forças Especiais dos EUA, a Al-Qaeda provou ser uma organização vigorosa, com uma estrutura difusa e descentralizada que é difícil de erradicar.

As operações em 2001 foram apenas o começo do que se tornaria a mais longa implantação operacional dos EUA em sua história – cerca de 14 anos. Após a derrubada inicial do governo talibã, a campanha se dividiu em duas fases principais. Primeiro, as forças dos EUA se concentraram em combater o Talibã em suas fortalezas rurais e montanhosas, ao mesmo tempo em que tentavam reconstruir a infraestrutura, as forças armadas e o governo do Afeganistão de maneira a resistir ao retorno do Talibã. Essa fase, que durou aproximadamente de 2001 a 2009, também viu os EUA se juntarem à guerra por uma série de aliados internacionais, juntos denominados Força Internacional de Assistência à Segurança (ISAF). Na fase subsequente, inspirado por frustrações para controlar a deterioração da situação de segurança, o presidente Barack Obama (em seu ano eleitoral) autorizou um grande aumento no número de tropas dos EUA – mais 30.000 soldados foram mobilizados – com foco em vencer a guerra de contrainsurgência. Essa fase progrediu, com resultados incertos, até 2012, quando as últimas tropas do 'surge' foram retiradas. Dois anos depois, as forças dos EUA e da OTAN anunciaram formalmente o fim das operações de combate.

O que essa, a mais longa das guerras dos EUA, conseguiu? Houve pontos positivos: o Afeganistão realizou eleições livres e grande parte da população não estava mais sob o terrível governo extremista do Talibã. E, no entanto, de muitas maneiras, a guerra parecia ser uma derrota estratégica. Áreas muito extensas do país permaneceram não pacificadas, com o Talibã simplesmente preenchendo o vácuo deixado pelos americanos que partiram; as baixas civis dos ataques do Talibã se elevaram; o governo amplamente corrupto e instável; pouca melhoria de infraestrutura, apesar de os EUA gastarem US$ 38 bilhões no país entre 2001 e 2009; e sendo o país produtor de 90% do ópio do mundo. É difícil encontrar uma métrica para o sucesso.

Antes de perguntar por que isso ocorreu, devemos também refletir sobre o outro grande conflito da "Guerra ao Terror" dos EUA: a invasão do Iraque em 2003. Após o episódio de 11 de setembro, o presidente dos EUA, George W. Bush, voltou seu foco para o Iraque, que ainda estava sob o domínio de ferro de Saddam Hussein. O Iraque foi acusado de possuir armas nucleares, biológicas e químicas de destruição em massa (WMDs) – acusação que mais tarde se provou falsa – e de patrocinar o terrorismo internacional. Saddam foi obrigado a aceitar inspetores de armas da ONU. Após o que foi percebido como atos de descumprimento da inspeção, Saddam recebeu, em 17 de março de 2003, um ultimato de 48 horas para renunciar e deixar o Iraque, ou enfrentar a expulsão militar forçada – forças americanas e aliadas em grande escala já estavam na região em preparação. Em 20 de março, mais de 177.000 soldados da coalizão cruzaram a fronteira para o Iraque; ao contrário da invasão anterior ao país, esta foi marcada pela mudança de regime.

Ao contrário da operação de 1991, desta vez as forças da coalizão foram direto para a jugular, com pouca campanha aérea preventiva, embora o poder aéreo fervilhasse constantemente sobre e à iminência do avanço. As forças dos EUA avançaram rapidamente para Bagdá, assumindo o controle da capital em 9 de abril – Saddam havia fugido a essa altura – no mesmo dia em que as forças britânicas tomaram Al-Basrah, o principal porto do Iraque. A cidade natal de Saddam, Tikrit, foi capturada em 13 de abril. (O próprio ditador foi finalmente capturado em dezembro de 2003, posteriormente condenado pelas autoridades iraquianas por crimes contra a humanidade e enforcado em 30 de dezembro de 2006). Sentindo-se fortalecido pela vitória, em 1º de maio o presidente Bush anunciou o fim das grandes operações de combate a bordo do porta-aviões USS Abraham Lincoln, que exibia uma faixa que dizia "Missão Cumprida". De

Um veículo Cougar MRAP (Mine ResistantAmbushProtected) destruído por um dispositivo explosivo improvisado (IED) em Al-Anbar, Iraque, embora, conforme planejado pelo projeto, o compartimento da tripulação tenha permanecido praticamente intacto.

forma reveladora, no mesmo dia, o secretário de Defesa dos EUA, Donald Rumsfeld, também proclamou que a campanha militar no Afeganistão estava essencialmente encerrada.

Ambas as declarações foram profundamente equivocadas. No Iraque, a situação de segurança rapidamente se desfez no caos subsequente. Novas facções, milícias, senhores da guerra e insurgentes surgiram e começaram a levar adiante uma guerra de guerrilha extrema tanto contra o povo iraquiano quanto contra os EUA e as forças aliadas. Dezenas de dispositivos explosivos improvisados (IEDs) explodiam todos os dias em todo o país. Emboscadas e assassinatos eram constantes. A única prioridade para grande parte da população era sobreviver mais um dia. As forças dos EUA também estavam sofrendo muito: quando o presidente Bush declarou "Missão Cumprida", havia cerca de 150 mortes na coalizão.

Em 2007, eram mais de 3.000. A Guerra do Iraque tornou-se uma pedra no sapato dos EUA.

Foi somente em dezembro de 2011 que as forças de combate dos EUA e internacionais se retiraram do Iraque. A essa altura, 4.496 soldados americanos, 179 soldados britânicos e 139 soldados de outras nações haviam sido mortos; o custo para as forças de segurança iraquianas foi de 17.690 mortos. O total de feridos da Coalizão/militares iraquianos foi de cerca de 117.000 – casos de evacuação da linha de frente (evacuação de vítimas) e o tratamento médico foi entregue com tanta excelência que 90 por cento das vítimas da Coalizão no Iraque e no Afeganistão sobreviveriam aos ferimentos.

No entanto, 2011 não viu o fim do envolvimento internacional, e particularmente dos EUA, no Iraque. A situação no país ainda não estava nem perto do que poderíamos chamar de estável, e este ano viu a fase ascendente de um novo grupo de insurgência islâmica extremista no Iraque. Formado em 2006, o Estado Islâmico no Iraque (ISI) foi uma evolução do antigo grupo Al-Qaeda no Iraque. O ISI era uma organização transnacional dedicada ao estabelecimento do domínio islâmico fundamentalista no Oriente Médio. Ela floresceu na turbulência do Iraque pós-invasão e na vizinha Síria, que neste momento estava dominada pela guerra civil. Liderado em 2010 por Abu Bakr al-Baghdadi, o ISI estabeleceu uma base na Síria em Al-Raqqah e, em 2013, renomeou-se como Estado Islâmico no Iraque e no Levante (ISIL). Seu nome por si só deu uma indicação clara de suas ambições.

O Estado Islâmico chocou o mundo de duas maneiras. A primeira foi a extrema crueldade de seus métodos, com execuções em massa e torturas horríveis exibidas abertamente como parte de seu modus operandi; o medo era uma ferramenta crítica tanto para o recrutamento quanto para a subjugação. A segunda foi seu sucesso imprevisto. Em maio de 2015, o ISIL havia estabelecido controle direto sobre uma grande parte do Iraque e da Síria, um total de 106.000 quilômetros quadrados de território e 8 a 12 milhões de pessoas. Na batalha, o ISIL capturou as principais cidades iraquianas, incluindo Al-Fallujah, Al-Ramadi e Mosul, mostrando-se militarmente confiante. Mas 2015 foi o ponto alto do sucesso do ISIL. Em 2014, uma coalizão liderada pelos EUA foi formada – a Combined Joint Task Force – e a Operação Inherent Resolve (CJTF-OIR) começou a atacar o ISIL com ataques aéreos, enquanto as Forças Especiais e artilharia apoiaram as operações terrestres anti-ISIL por forças locais no Iraque e Síria. Gradualmente, o esforço de lutar em múltiplas frentes tornou-se insustentável para o ISIL. Perdeu constantemente quase todos os seus ganhos territoriais no Iraque, embora só tenha desistido das cidades maiores depois de uma horrenda e longa guerra urbana de curta distância. O próprio Al-Baghdadi cometeu suicídio detonando um colete suicida explosivo em 26 de outubro de 2019, tendo sido preso pelas Forças Especiais dos EUA em Barish, província de Idlib, Síria.

A guerra contra o ISIL certamente esmagou o que antes era uma organização difundida e temida. Mas os grupos de insurgência tendem a ser bestas de muitas cabeças, e os remanescentes e subgrupos do ISIL estão espalhados amplamente pelo Oriente Médio, Norte da África, Afeganistão, Paquistão e outros lugares. Ainda ativo por meio de atos de terrorismo e envolvimento em guerras de outras pessoas, o ISIL provavelmente será uma ameaça persistente à segurança global para o futuro.

A PRIMAVERA ÁRABE E A SÍRIA

A segunda década dos anos 2000 foi um período de extraordinárias convulsões sociais e políticas no Oriente Médio e Norte da África. Muitos dos estados árabes eram autoritários e não democráticos por natureza, mas em 2010 e 2011 uma onda de revoltas pró-democracia percorreu a região, especificamente na Tunísia, Egito, Bahrein, Iêmen e Síria. Estes são coletivamente conhecidos como os eventos da "Primavera Árabe". Em todos os casos, os levantes produziram violência de vários graus entre o povo e o aparato de segurança do Estado, e entre grupos civis e paramilitares divididos por motivos religiosos, políticos ou étnicos. Os resultados estavam longe de ser uniformes. Egito e Tunísia, por exemplo, saíram da Primavera Árabe com novos governos eleitos diretamente. A revolta do Bahrein foi reprimida em pouco mais de um mês pelo Estado. Nos casos da Líbia e da Síria, no entanto, as revoltas políticas se expandiram para se tornarem guerras diretas que, assim como a luta contra o ISIL, rapidamente atraíram participantes internacionais para os conflitos.

Uma insurreição armada contra o ditador da Líbia Muammar al-Gaddafi começou no início de 2011. As forças rebeldes, compostas por um quebra-cabeça de civis, grupos paramilitares e desertores militares profissionais, foram rapidamente superadas pelo exército convencional de Gaddafi e expulsas de volta para o leste. Mas então uma resolução da ONU em 17 de março não apenas estabeleceu uma zona de exclusão aérea sobre a Líbia (desligando diretamente as operações da Força Aérea da Líbia contra os rebeldes), mas também autorizou "todas as medidas necessárias" para proteger os civis. O resultado foi que a OTAN lançou seu poder aéreo sobre as forças terrestres líbias, uma ação que, por sua vez, permitiu que os rebeldes retomassem a ação ofensiva em agosto. Desta vez, eles avançaram e tomaram a capital da Líbia, Trípoli, com Gaddafi fugindo da cidade e do poder; ele acabou sendo capturado e morto por tropas rebeldes em Surt em outubro de 2011.

Infelizmente para o povo da Líbia, a expulsão e a execução de Gaddafi não trouxeram frutos às suas primeiras esperanças de estabilidade e paz. Em vez disso, o país progressivamente se dividiu em várias facções de poder e governos rivais. Essa situação alimentou outra guerra civil que está em andamento até hoje, a luta contra uma tapeçaria de interesses, senhores da guerra e envolvimento externo.

Um mês após as primeiras revoltas na Líbia, a Síria também testemunhou uma agitação pró-democracia, aqui dirigida contra o governo autocrático de

Bashar al-Assad. A escalada dessa agitação para uma guerra civil exaustiva ocorreu em questão de meses. O que foi chocante foi a intensidade dos combates e a escala da destruição, com cerca de meio milhão de mortes até o momento, principalmente entre a população civil sitiada. Os campos de batalha chegaram a rivalizar com os da Segunda Guerra Mundial – a cidade de Aleppo, por exemplo, foi chamada de "Stalingrado da Síria", grande parte da cidade reduzida a ruínas absolutas por mais de quatro anos de combates e bombardeios. O conflito também passou a ter um aspecto internacional. O regime de Al-Assad recebe o apoio do Irã e, surpreendentemente, da Rússia, que começou a fornecer ajuda militar a partir de 2011, mas a partir de 2015 forneceu ação militar direta, principalmente na forma de ataques aéreos. A presença da Rússia aumentou as apostas do envolvimento ocidental por meio da CJTF-OIR, que lançou ataques aéreos principalmente contra alvos do ISIL, mas também contra forças do governo. A aliança anti-Assad inclui Catar, Turquia, Arábia Saudita, EUA, Grã-Bretanha, UE e Liga Árabe, embora as várias e muitas vezes conflitantes agendas dos grupos rebeldes tornem as intervenções internacionais um nó górdio de tomada de decisão ética. A guerra civil síria continua em andamento em 2020, embora nesta fase o governo de al-Assad pareça seguro no poder, com as forças rebeldes confinadas em áreas relativamente pequenas de terra no extremo norte e no extremo sul do país.

A GUERRA NO FUTURO

Conflitos como os do Afeganistão, Iraque e Síria são contrapontos significativos à ação relativamente "limpa" (pelo menos operacionalmente) da Operação Tempestade no Deserto em 1991. De fato, se o último conflito exorcizou os fantasmas do Vietnã, o Afeganistão e o Iraque os conjuraram de volta à vida, lembrando-nos que as insurgências modernas, emaranhadas por um espectro irredutível de combatentes e interesses, permanecem em grande parte fora do controle até mesmo de uma superpotência como os EUA.

Há, no entanto, sinais de que as guerras do futuro provavelmente serão muito diferentes das do passado imediato. Para começar, atualmente, o equilíbrio estratégico internacional de poder contém indícios de possíveis mudanças futuras. A superpotência China, livre do envolvimento em guerras dispendiosas no Oriente Médio e no Afeganistão, está avançando com seu investimento militar, seu exército aumentando em tamanho e suas tecnologias crescendo em sofisticação. Várias dessas tecnologias estão despertando preocupação no Ocidente, como o míssil balístico antinavio hipersônico Dong-Feng 21D – apelidado por alguns de "assassino de porta--aviões" – e um sistema de destruição de satélites, o SC19. Juntas, essas armas ameaçam dois dos principais ativos militares dos EUA, ou seja, porta-aviões e navegação/vigilância por satélite. A Rússia também tem algumas novas tecnologias potentes em seu arsenal, especialmente o sistema de mísseis balísticos hipersônicos Avangard, que, voando a 20 vezes a velocidade do som, é quase impossível de interceptar. A Rússia, como a China, também desenvolveu um míssil antinavio hipersônico, o 3M22 Zircon.

Mas o Ocidente agora também está colocando o pé no chão em termos de inovação militar. De fato, o espaço de batalha do futuro provavelmente será transformado por uma profunda gama de inovações tecnológicas nos níveis tático e estratégico. Podemos fazer algumas previsões informadas a partir dos desenvolvimentos atuais. Enxames coordenados de drones armados irromperão pelas janelas dos edifícios e depois caçarão o inimigo com velocidade extraordinária. Os soldados poderão, literalmente, ver ao redor de esquinas com óculos que dobram a luz. Veículos Aéreos Não Tripulados (VANTs) não apenas constituirão a maior parte da aviação de combate, mesmo em porta-aviões, mas também terão poderes autônomos ou quase autônomos de engajamento por meio de sistemas de inteligência artificial (IA) a bordo. A IA encontrará seu caminho em uma série de outros sistemas de armas, como sistemas de mísseis antiblindagem implantados remotamente, minas terrestres e até veículos blindados. Mesmo a visão mais extrema da tecnologia militar – a de exércitos de soldados-robôs – não parece mais implausivelmente futurista.

Provavelmente também haverá inovações nas táticas. Os russos, por exemplo, são vistos por alguns como proponentes de uma futura "guerra híbrida", alcançando objetivos militares por meio de uma mistura de combates convencionais (muitas vezes conduzidos por paramilitares patrocinados em vez de suas próprias forças), insurgência, propaganda, manobras políticas e, crucialmente, guerra cibernética. Embora seja uma questão de debate se a guerra híbrida é realmente algo novo – as campanhas militares sempre consistiram em mais do que a soma dos combates – o que é inegável é que a guerra cibernética certamente será um campo de batalha do futuro. Já estamos vendo isso em ação. Em 2017, várias organizações públicas e privadas em toda a Ucrânia – incluindo bancos, sites governamentais e empresas de serviços públicos – foram atingidas por um ataque cibernético concentrado, provavelmente com o envolvimento de agências de inteligência russas. Em 2010, a tecnologia dentro do programa nuclear iraniano foi seriamente danificada pelo malware de computador "Stuxnet", que é creditado a um desenvolvimento conjunto dos EUA e Israel.

As batalhas no ciberespaço, comparadas aos confrontos brutais de aço e fogo pelos quais passamos nesta história, podem parecer versões de guerra um pouco mais benignas, até mesmo sem derramamento de sangue. No entanto, tal é a total dependência do nosso mundo de sistemas digitais e processamento de dados que o que pode começar como uma guerra cibernética pode de fato levar a conflitos tradicionais, mais uma vez em escala global.

VANT

Veículos Aéreos Não Tripulados (VANTs) – aeronaves controladas remotamente sem um piloto humano a bordo – na verdade não são uma invenção moderna. Experimentos iniciais em tecnologia VANT podem ser vistos durante as duas primeiras décadas do século XX,

em grande parte no contexto da construção de drones sem piloto para treinamento de artilharia antiaérea. Foi durante a Guerra Fria, no entanto, que os VANTs se tornaram mais uma presença no campo de batalha, principalmente como uma forma de realizar vigilância detalhada sobre o espaço de batalha inimigo sem colocar um piloto humano em risco. Os VANTs foram usados nessa capacidade pelos EUA na Guerra do Vietnã e pelos israelenses durante as guerras árabe-israelenses das décadas de 1960 e 1970, os israelenses também aplicando VANTs para atrair baterias SAM inimigas para longe de aeronaves de combate pilotadas. Durante a década de 1990 e início de 2000, os Veículos Aéreos de Combate Não Tripulados (UCAVs, em inglês) - VANTs capazes de montar e lançar munições - começaram a aparecer em números significativos, particularmente operados em funções de caçadores assassinos pelas forças dos EUA. Essas armas tornaram-se tecnologias

Um MQ-1 Predator, armado com mísseis AGM-114 Hellfire, voa em uma missão de combate sobre o sul do Afeganistão. Drones como este podem ser pilotados por operadores a milhares de quilômetros do campo de batalha via datalink.

centrais na "Guerra ao Terror", vagando em altitude por horas a fio sobre a zona de combate ou áreas restritas e eliminando alvos pontuais ou de alto valor quando identificados usando o próprio equipamento de vigilância e monitoramento a bordo do UCAV. Tais são os avanços nas comunicações globais que os pilotos baseados em hubs nos EUA literalmente voam em missões de combate de UCAV sobre o Afeganistão em tempo real. As futuras gerações de VANTs/UCAVs prometem uma diversidade cada vez maior de tipos, desde pequenas naves do tamanho de insetos usadas para vigilância secreta dentro de edifícios até bombardeiros estratégicos. Dadas suas capacidades, um ponto de interrogação paira sobre o futuro da aviação de combate pilotada.

CRÉDITO DA IMAGENS

Alamy: 24, 90, 181
Getty: 163
Metropolitan Museum of Art: 49, 66, 79
Public domain: 204, 208, 214, 216
Shutterstock: 40, 44, 112
Wikimedia Commons: 14, 21, 37, 47, 53, 56, 60, 65, 73, 80, 82, 87, 93, 96, 101, 104, 115, 123, 124, 129, 135, 142, 147, 151, 157, 159, 164, 170, 179, 187, 189, 193, 197, 198, 203, 210, 212, 225, 232